Gobernar Con Creatividad

Libros publicados por el autor

El perfil del periodismo para el nuevo milenio
Decálogos hacia un nuevo México
Déjennos soñar
El Éxito integral
Palabras que ayudan a vivir
Palabras que elevan la autoestima
La educación de ayer y hoy
El periodismo inteligente que México necesita
Imaginemos el México ideal
Aprendiendo a ser libre

Libros en preparación y de próxima publicación:

Motivos para vivir
Educación para crear la riqueza
Educar para no castigar

Gobernar Con Creatividad

Ernesto Partida Pedroza

Número de Control de la Biblioteca del Congreso de EE. UU.:   2011915580
ISBN: Tapa Blanda   978-1-4633-0766-0
                   Libro Electrónico   978-1-4633-0765-3

Este Libro fue impreso en los Estados Unidos de América.

**Para pedidos de copias adicionales de este libro,
por favor contacte con:**
Palibrio
1663 Liberty Drive, Suite 200
Bloomington, IN 47403
Llamadas desde los EE.UU. 877.407.5847
Llamadas internacionales +1.812.671.9757
Fax: +1.812.355.1576
ventas@palibrio.com
339195

ÍNDICE

INTRODUCCIÓN

QUIZÁ EL OFICIO más difícil que existe en todas las sociedades es el de gobernar a un país. No existe la escuela de gobernantes.

Las universidades proporcionan mucha información con respecto al arte de gobernar, pero cada país tiene situaciones muy diferentes para las cuales no se adquiere la formación para hacerle frente a toda la gama de problemas.

Muchos de los aspirantes a ocupar los puestos de elección popular solo tienen propuestas que son producto de ocurrencias que nada tienen que ver con las verdaderas necesidades de la población.

Los políticos suelen elaborar una lista de asuntos que los pueblos quieren escuchar del candidato y con esas conquistan la voluntad popular.

Los problemas que tenemos las sociedades del siglo XXI son muy distintos a los del siglo XX, ahora son mucho más complejos y más difíciles.

Los grandes problemas no resueltos por los gobiernos del pasado han generado mucha resistencia en la población para que se les crea a los aspirantes de ahora.

Por lo general no existe una correspondencia entre lo que la población quiere con lo que ella misma necesita.

Hemos sido "educados" con la idea de que debemos esperar a que el gobierno nos resuelva todos y cada uno de los problemas que tenemos como sociedad.

No caemos todavía en la cuenta de que nosotros como ciudadanos tenemos nuestra propia responsabilidad para que exista un determinado estado de cosas.

Necesitamos de una clase política que se atreva a decir las cosas como son y que tengan la imaginación y la sabiduría para hacer los planteamientos que realmente se requieren.

Se requiere que se tenga el valor de asignar las responsabilidades que tenemos todos los ciudadanos para sacar a México de la situación en que se encuentra.

Winston Churchill ofreció en una campaña electoral en Inglaterra "Sangre sudor y lágrimas" y ganó la elección.

Esas palabras fueron dichas en un contexto de guerra, ¿Cuáles serían las palabras para México?

La sangre, sudor y lágrimas no se refería a lo que iba a poner el gobierno, sino el pueblo mismo.

En nuestro contexto se refiere al los sacrificios que nosotros como ciudadanos tenemos que realizar para lograr un futuro mejor.

Nunca los sacrificios deben ser permanentes.

Muchas veces nuestros políticos nos han dicho que nos apretemos el cinturón, pero no han sido específicos y tampoco nos han enseñado los beneficios que debimos haber obtenido de esos sacrificios.

Todos los sacrificios nos pueden traer beneficios, así como también, todas las crisis nos lo han traído. Actualmente somos una sociedad que tiene puesta su atención en los derechos, no en sus obligaciones.

La sangre, sudor y lágrimas equivalen a las obligaciones en nuestro contexto.

Un pueblo que cumple la totalidad de sus obligaciones, es un pueblo que satisface sus derechos en forma automática.

Los políticos suelen ofrecer solo los derechos y omiten las obligaciones por temor a no ser favorecidos con el voto.

Las obligaciones implican muchos sacrificios que necesitas realizar, si es que queremos llegar a tener un mejor país.

Muchos de esos sacrificios implican cancelar los beneficios derivados de la corrupción.

Implican pagar los impuestos que debemos para que el gobierno tenga los recursos suficientes para cubrir todas las necesidades de la población.

La corrupción se deriva de solo pensar en los beneficios del corto plazo y con ello cancelamos los de largo plazo.

Si realmente queremos un mejor país, debemos visualizar ese México que queremos y empezar a construir los puentes para transitar hacia ese México.

Para ello debemos realizar todas las reformas estructurales que nos lleven por el sendero del progreso.

Necesitamos transformar la educación que nos proporcione más habilidades que conocimiento.

Necesitamos una educación que nos ayude a incrementar nuestra inteligencia y menos memoria.

Necesitamos una educación que nos ayude a convertirnos en creadores de conocimiento, no solo consumidores de este.

La educación deberá estar acorde al proyecto de nación de tal manera que integre a todos los mexicanos en un propósito común.

Necesitamos de unos medios de comunicación que nos ayuden a encauzar toda la energía del pueblo de México.

Necesitamos poner ideas que generen el progreso de todos los mexicanos.

Igualmente, los medios de comunicación deberán trabajar en función del proyecto de nación.

En este libro encontrará textos referentes a la educación que necesitamos, a los medios de comunicación ideales que nos ayuden a estructurar un mejor país.

El propósito del presente texto es dar una mirada distinta de la que nos han dado de tal manera que nos permita comprender aún más los problemas y que podamos visualizar una verdadera solución.

Si eso se logra, me daré por satisfecho.

Marzo del 2011

LA PRESENCIA DEL CRIMEN ORGANIZADO NOS REVELA INFINIDAD DE CARENCIAS

COMBATIR LA INSEGURIDAD es como combatir la oscuridad.

La oscuridad es solo la ausencia de luz

Si queremos que haya luz, simplemente hay que encender la lámpara.

Combatir la inseguridad es como matar a quienes apagaron la lámpara.

La existencia de los problemas nos revela carencia de algo.

La presencia del crimen organizado nos revela la carencia de muchas cosas, nos revela la carencia de necesidades no satisfechas, nos revela la ausencia una educación de calidad, de una cultura propia, de un sentido de pertenencia, de un orgullo personal, de una baja autoestima tanto de los victimarios como de las víctimas, la ausencia de una educación emocional y de una educación espiritual.

La presencia del crimen organizado nos revela infinidad de funciones que le corresponden realizar a muchas instituciones de gobierno y que no las realiza.

¿Qué hace el gobierno al respecto?

Lo que hace es combatir por medio de las armas y de todo el aparato de justica tanto a víctimas como a victimarios.

Una verdadera aberración.

Se nos ha dicho que la violencia genera más violencia, pues esto también aplica cuando el gobierno la ejerce.

Mientras más se le combata, más delincuentes aparecen.

En lo que va del sexenio ya van más de 40 mil muertos, cada año aumenta esa cifra.

La experiencia nos ha demostrado que la actual estrategia no funciona, es indispensable cambiar, aunque el gobierno federal se niega a hacerlo

Es probable que no tenga una alternativa y por eso no cambia.

La actual estrategia podría deducirse así:

PARA QUE LAS DROGAS NO LLEGUEN A TUS HIJOS

Esta estrategia es a todas luces paternalista e inaceptable.

La estrategia que propongo sería:

PARA QUE TUS HIJOS NO NECESITEN DE LAS DROGAS.

Esta estrategia involucraría y compromete a todos los actores sociales.

Todo cambio de estrategia implica un cambio profundo en el punto de vista del problema, Ya no sería solo una cuestión de seguridad nacional, sino también de salud pública, de economía, de educación y de cultura.

Por supuesto que se debe involucrar a los medios de comunicación.

Dado que la influencia de los medios es hasta cierto punto determinante, debe hacerse una labor con ellos para alinearse al propósito de manejar el problema de la inseguridad en todo el país.

Como ciudadanos estamos obligados a presentar nuevas propuestas y articular esfuerzos y talentos y con ello crear un mejor país.

El tema de la inseguridad es crucial para generar un mejor futuro para México.

Actualmente se está dando la carrera por la presidencia de la república, está en la mesa de discusión quien de los personajes llegará a los Pinos.

Creo que la discusión debería estar en los problemas del país y al mismo tiempo en las soluciones y en base a ello sacar el perfil del candidato que necesitamos para hacerle frente a los grandes problemas del país.

Si el personaje que necesitamos, no se encuentra entre los partidos, tenemos la obligación y el derecho de buscarlo fuera de los partidos.

UNA MANERA INTELIGENTE DE COMBATIR EL NARCOTRÁFICO

MUCHO SE HA hablado del poder que tienen los narcotraficantes estando dentro del mismísimo penal. Su poder es tan grande que siguen operando aún estando recluidos, no solo eso, compran la justicia a todos los niveles, desde dentro deciden quien vive y quien muere.

¿Qué es lo que hace grande al poder corruptor de los narcotraficantes?

Muchas personas seguramente piensan que es el dinero, tal vez las armas o los funcionarios que se dejan sobornar.

La triste realidad es que quienes los hacen poderosos son todos los niños, los jóvenes y los adultos que no han visto satisfechas sus expectativas de vida y que han caído en depresión y para aliviarla recurren a las drogas.

Son estos la base de apoyo de los narcotraficantes, son estos los verdaderos causantes de que exista la guerra abierta entre el gobierno y los narcotraficantes.

Se podrá matar o encarcelar a todos los narcotraficantes que operan actualmente, pero surgieran otros y así tendremos una guerra interminable.

Mientras no hagamos lo que debemos hacer con los que "necesitan las drogas", no habrá paz.

La respuesta que da el gobierno no resuelve para nada el problema, lo acentúa.

En el fondo, no son los únicos responsables de la guerra contra el narcotráfico, hay otros, estos son todas las instituciones que tienen que ver la formación de los buenos ciudadanos, estas son, la familia, la escuela, los medios de comunicación y las religiones.

¿Quién es el que está a la cabeza de todas estas instituciones? ¿No es la presidencia de la república?

Efectivamente, es la presidencia de la república quien debiera impulsar el buen funcionamiento de todas las instituciones del país, por desgracia no lo hace. En cambio sí, enfatiza la lucha contra los narcotraficantes de la droga.

Es en la presidencia donde se cierra el círculo vicioso.

¿Cómo podemos convertir el círculo vicioso en virtuoso?

Necesariamente con un proyecto de nación perfectamente estructurado en el cual se asignen las responsabilidades a cada actor de la sociedad, desde el padre de familia, el maestro de la escuela y el medio de comunicación.

A todo lo largo de nuestra historia hemos padecido la dependencia que nos ha hecho operar por inercia. Hemos vivido con la esperanza de que llegue un iluminado a la presidencia y nos resuelva cada uno de nuestros problemas.

Prácticamente todos vivimos bajo esa dinámica, el hecho de que en los medios solo se hable de las encuestas, de los candidatos y de las personalidades es síntoma claro de que de alguna manera se tiene esperanza en un iluminado.

En los medios de comunicación brillan por su ausencia las ideas y los proyectos que realmente nos puedan sacar de la crisis.

Estos, son el factor de poder más importante y es el mismo que influye en toda la población. El mismo pesimismo que derrama a los cuatros vientos es el mismo que existe en la población, es el mismo que existe en los padres de familia, es el mismo que existe en el maestros de la escuela, es el mismo que existe en los ciudadanos. Ese pesimismo y esa depresión es lo que realmente alimenta la existencia de los grandes narcotraficantes.

No son los narcotraficantes los verdaderos causantes de nuestras desgracias, sino nuestra pasividad, nuestra indolencia, nuestra ignorancia, nuestra falta de cumplimiento de nuestros deberes como padres de familia, la falta de cumplimiento del deber de los maestros, la falta de cumplimiento de la función de los periodistas, estos solo están dedicados a la industria del chisme.

Los medios de comunicación tienen el poder para edificar un gran país.

Seguramente todos deseamos que no haya narcotraficantes, que no haya drogas, que no haya muertes derivadas de esta actividad ilícita, ¿Pero que hemos hecho como sociedad para merecer el perfecto funcionamiento de las instituciones encargadas de formar a los buenos ciudadanos?

Si queremos tener una mejor sociedad, necesitamos pagar el precio. Nada en la vida es gratuito.

El iluminado que hemos estado esperando está en uno mismo.

Los narcotraficantes no son el enemigo número 1, sino nuestra falta de capacidad para satisfacer las verdaderas necesidades de nuestros hijos, la de los maestros para satisfacer las necesidades de un verdadero conocimiento de nuestros alumnos, la de nosotros los periodistas para darle la información a nuestros usuarios que requieren para que tomen las decisiones correctas, la de nuestros gobernantes para construir un verdadero proyecto de nación bajo el cual se puedan unir todos los mexicanos en un denominador común.

Por supuesto que debemos combatir a los narcotraficantes, pero la atención debe estar en romper las bases de apoyo de estos.

¿Qué podemos hacer para resolver el problema del narcotráfico?

Son muchas cosas las que podemos hacer como ciudadanos para combatir este problema, si desea más información con respecto a este tema con gusto le puedo enviar el ensayo completo sin ningún compromiso.

¿QUE PUEDEN HACER LOS MEDIOS ANTE EL SECUESTRO?

> El secuestro es la máxima expresión de la
> descomposición de una sociedad.
>
> El autor

L A TRISTE REALIDAD es que los medios de comunicación hacen el papel de voceros de las autoridades policíacas y otras veces de los secuestradores.

Un vocero es aquel que habla en representación de otra persona.

Los periodistas lo hacen sin que cada una de las partes se lo proponga, pero terminan haciendo el papel.

Los policías tienen la función de investigar con el propósito de encontrar a los responsables de un delito y darles su castigo según las leyes.

El periodista también investiga, pero no debería ser con el mismo fin, pero como no existe un planteamiento filosófico bien definido de su función, termina haciendo el papel de vocero de unos y otros.

Son muchos casos en que la información de los medios entorpece la labor de las agencias policíacas y otras veces la favorecen a los delincuentes porque los pone sobre aviso.

Entonces, ¿Cuál debería ser la función de los medios ante el caso específico de los secuestradores?

Los medios tienen la oportunidad de hacer un trabajo extraordinario.

Esto no tiene nada que ver con lo que actualmente hace, informar de los datos en forma escueta.

Tiene la oportunidad de hacer todo un trabajo de prevención de ese tipo de delitos en forma específica.

Los medios tienen la posibilidad de profundizar en relación a todo lo que ocurre alrededor de un secuestro.

Tienen la oportunidad de investigar desde el punto de vista psicológico, sociológico, filosófico, ético, desde la comunicación, la poesía, el derecho y la publicidad.

Si se tomaran en cuenta todas estas disciplinas se podrían elaborar mensajes dirigidos a los potenciales delincuentes y con ello evitar que los delitos se cometan.

Hay mucho todavía que investigar sobre la aplicación de estas disciplinas a la conducta de los potenciales delincuentes.

Me atrevo a pensar que mediante el conocimiento de la ética se puede ayudar a desarticular a muchas bandas de criminales con el buen uso de la palabra.

Dejemos que las policías hagan su trabajo, a los periodistas nos toca hacer un trabajo totalmente distinto de tal manera que no se haga el papel de voceros ni de las policías ni de los secuestradores.

Hasta ahora se les hace mucha publicidad a los secuestradores.

Desgraciadamente no existe la formación de los periodistas para hacer la labor que deberían.

Todas las carreras relacionadas con el periodismo contemplan las materias antes mencionadas, pero no se alcanza a contextualizar la información.

Esto no quiere decir que los periodistas deben salir de la universidad con la preparación para hacer estos ensayos, lo que sí está obligado a pensar las preguntas, debe estar preparado para poder cuestionar a los expertos en el tema de la inseguridad.

Lo que en realidad hacen los periodistas es solo describir los hechos delictivos suficientes para juzgar y condenar a los delincuentes. Esa es una labor que solo les corresponde a las autoridades policíacas.

La verdadera labor del periodista debe ser la de hacerse las siguientes preguntas.

¿Cuáles son las motivaciones de los secuestradores? ¿Qué papel juega la educación familiar en la formación de los secuestradores? ¿Qué circunstancias orillan a las personas a convertirse en secuestradores? ¿Qué puede hacerse desde la psicología para evitar que las personas se conviertan en secuestradores? ¿Qué mensajes se pueden elaborar para disuadir a los potenciales secuestradores? ¿Cómo puede contribuir la poesía y la publicidad para la elaboración de los mensajes que vayan dirigidos a los potenciales secuestradores? ¿Cuál es la responsabilidad de los medios de comunicación en el tema? ¿Cuál es la responsabilidad de la educación ética en la proliferación de los secuestradores? ¿Cuáles son las políticas públicas que deben ser establecidas para evitar este tipo de delitos?

Mención especial merecen las personas que sufrieron el dolor de un familiar secuestrado y que los medios los convirtieron en personajes mediáticos, estos se han hecho del lado de las autoridades policíacas.

Es difícil que desde el dolor puedan hacer una contribución desde otro nivel.

Lo deseable es que pudieran contribuir a crear las políticas públicas para evitar que se produzcan los secuestros, no tanto en los deseos de venganza.

Los medios de comunicación están llamados a ser los portadores de ideas para resolver los grandes problemas nacionales.

Por el bien de todos, esperemos que eso sea una realidad muy pronto.

MAS QUE LEYES, NECESITAMOS INCENTIVOS PARA NO SER CORRUPTOS

CUANDO HABLAMOS DE corrupción, inmediatamente apuntamos nuestro dedo acusador hacia todo lo que representa el gobierno.

Pensamos en las policías, en los judiciales, en los diputados y en los funcionarios públicos.

Muchos conocemos el patrimonio de los funcionarios públicos cuando inician su gestión y cuando terminan es muy distinto que no corresponde a lo que supuestamente perciben como producto de su trabajo.

La mayor parte de los reportes periodísticos ponen toda la atención en la corrupción de los funcionarios públicos, pero omiten la que se genera en la población.

Ponen toda la atención en el policía de crucero que recibe una mordida, pero omiten ponerla a quien la da.

Ponen la atención en el empleado de gobierno que recibe dinero, dizque que para acelerar los trámites, pero omiten ponerla en quien aporta el dinero.

Ven al funcionario que recibe una compensación por la asignación de contratos millonarios, pero se olvidan de los empresarios "generosos".

Cada presidente que conoce de estos casos envía al congreso iniciativas de ley para combatir la corrupción para que sean aprobadas, pero con el tiempo resultan inútiles.

Resultan inútiles porque la corrupción está tan arraigada en nuestra cultura que existen frases que retratan nuestra forma de ser y de hacer las cosas.

Existe la clásica: "El que no tranza, no avanza".

Tengo un familiar que tiene tres sexenios queriendo regularizar una propiedad, pero como le insinúan que quieren una "mordida" y como se ha negado, su propiedad no ha sido regularizada.

No sé cuantos sexenios tendrá que esperar, el caso es que se ha negado a aceptar tranzar para que el trámite avance.

Hay otra frase clásica: "No quiero que me des, ponme en donde hay".

Todos sabemos que hay puestos públicos que se ponen a la venta al mejor postor, muchos de los puestos no se asignan por la capacidad que tienen los ocupantes para desempeñar sus puestos, sino están ahí porque fueron comprados.

La corrupción es la adquisición de beneficios a corto plazo y el sacrificio de los beneficios de largo plazo.

El termino corrupción pertenece al terreno de la medicina, se usa para significar la alteración del orden en el organismo, cuando hay una enfermedad degenerativa, se dice que el organismo está en un proceso de corrupción.

De igual manera, cuando hay un problema social, estamos hablando de una alteración del orden establecido.

Ante un problema de delincuencia, hay necesariamente muchas personas que no cumplieron con su rol e incurrieron en un acto de corrupción.

Hubo padres de familia, maestros y amigos del delincuente que no cumplieron con ciertas medidas para tener un buen ciudadano.

Estos son los que alteraron el orden establecido.

Estos cortaron el camino hacia la escena ideal.

Luego entonces, el problema de inseguridad, de pobreza y de corrupción es el resultado de una alteración del orden establecido.

Quienes violan las leyes lo hacen creyendo que de esa manera satisfacen sus necesidades más elementales, pero en realidad se privan del privilegio de sentir la satisfacción del deber cumplido.

Es inútil legislar en contra de la corrupción si antes no hay un trabajo de educación para que la gente no realice esas prácticas por convencimiento.

Las mejores leyes son las que surgen de las necesidades del pueblo y se constituyen en acuerdos.

Otra característica de las buenas leyes en contra de la corrupción son aquellas que contemplan los incentivos para dejar de ser corruptos.

Toda la fuerza del estado será inútil contra la corrupción cuando la sociedad carece de incentivos para dejar de ser corruptos.

Ninguna ley por si sola en contra de la corrupción puede contra los beneficios que brinda la corrupción.

La corrupción no puede existir sola, necesita que haya pobreza, ignorancia, inseguridad y una deficiente educación.

Es imposible tener éxito contra la corrupción si no se lucha en pro de la riqueza, seguridad y por una educación de calidad.

Los incentivos tienen que ver con la satisfacción del deber cumplido.

Tienen que ver con la construcción de un mundo mejor.

Todos debiéramos trabajar en la construcción de una sociedad ideal.

La sociedad ideal se caracteriza por la ausencia de pobreza, inseguridad, ignorancia y corrupción.

La sociedad ideal es una sociedad solidaria, segura, organizada, rica, comunicada, respetuosa, creativa y responsable.

La construcción de una gran sociedad se puede convertir en gran incentivo por excelencia.

Por supuesto que no existe esta sociedad por ahora, pero hay algunas que más se acercan a ella y que todos debiéramos luchar para llegar a esa sociedad ideal.

Hay alguien que se ocupó de estudiar la corrupción desde el punto de vista histórico, religioso y psicológico y nos aporta un entendimiento tal que nos sugiere las soluciones de fondo.

Ese personaje es alguien que ya no está entre nosotros, es Mauro Rodríguez Estrada.

Nos dejó un libro esplendido: **Manual anticorrupción, del moralismo a los valores.**

Nos habla el autor de la cultura azteca en la cual prácticamente no existía la corrupción, porque el precio era muy alto para quien se atreviera a cometer un acto de esa naturaleza, era castigado severamente, motivo por el cual las personas lo pensaban dos veces.

Cuando llegaron los españoles cambio la forma de ser puesto que ellos ya traían sus propios usos y costumbres y fueron los mismos que se impusieron a todos los habitantes de La Nueva España.

La corrupción fue algo que se impuso a todas las estructuras sociales tales como la familia, la escuela y la sociedad misma.

Ellos fueron los que establecieron la compra y venta de privilegios y con ellos se estableció la discriminación y la esclavitud.

Esa cultura es la que hemos venido arrastrando desde aquellos tiempos hasta nuestros días.

Ningún movimiento social que hemos tenido la ha tratado de exterminar porque es parte de nuestros usos y costumbres.

"La familia siempre ha sido autoritaria, generadora de actitudes negativas hacia la autoridad. El paralelismo entre padre y patrón llevaba a pensar que "trabajar es servir a un empleador explotador, ventajoso y punitivo". ¿Por qué me he de esforzar en ser productivo y hacer más rico al amo?

Como resultado de esa cultura culpigena, tenemos como pueblo una baja autoestima y eso se manifiesta en la actitud que tenemos ante la vida y ante las posibilidades de tener un amplío desarrollo.

El autor nos propone en primer lugar, elevar nuestra autoestima y al hacer esto, manejar nuestra ética y esta necesariamente nos llevará a ser más creativos y finalmente podremos tener la plena felicidad.

Se puede hacer todo esto en la vida adulta, pero de cualquier manera tenemos que empezar desde ahora en las escuelas y a través de estas podremos impactar en todos los hogares del país.

Estamos totalmente seguros que la corrupción se puede exterminar, pero necesariamente tenemos que empezar desde ahora y con los niños más pequeños.

Todo esto implica una reforma educativa que impacte a toda la población.

De llevar a cabo todo esto, tendremos un país totalmente distinto de aquí a 15 años.

¿Qué piensa usted?

¿QUÉ LE FALTA A MÉXICO PARA SER UNA DEMOCRACIA?

Padecemos la dictadura del crimen organizado

EN EL PROGRAMA de televisión "Es la hora de opinar" de Leo Zuckermann se trató el tema sobre ¿Qué le falta a la democracia mexicana?

Los faltantes que, según sus invitados, son la rendición de cuentas, la revocación de mandato, la falta de políticos demócratas, las candidaturas independientes, la reelección de los puestos de elección popular, una sociedad más exigente, etc.

Por supuesto que estos temas son muy importantes, pero solo implican a las altas esferas del poder.

El problema es que la clase política no tiene la necesidad de cambio, así como está, está muy cómoda y así permanecerá hasta que la ciudadanía y los medios de comunicación exijan de verdad.

Mientras la ciudadanía se mantenga en apatía y los medios de comunicación estén ahí solo para servir al poder, no hay posibilidades de que haya los cambios que México necesita.

La clase política tiene secuestrada a las instituciones y mientras los ciudadanos no se muevan, los políticos tampoco se moverán.

A México le urgen las reformas estructurales, como la política, la fiscal, la educativa y la laboral. Todos los políticos hablan de la necesidad de ponerse de acuerdo para impulsar las reformas, pero no lo hacen, entre los partidos que más hablan de ponerse de acuerdo es el PRI, pero este es el que tienen mayoría en la cámara de diputados y no hace absolutamente nada para impulsar las reformas porque quieren impedir a costa de lo que sea que el gobierno de Felipe Calderón se cuelgue la medalla de las reformas, ¿Ese es el nuevo PRI que merece una nueva oportunidad?

Por supuesto que el PAN no ha tenido los suficientes arrestos para impulsar las reformas que tanto necesita México, tampoco el PRD ha tenido un papel digno ante la historia.

¿Usted cree que los partidos políticos se interesan realmente por los problemas, las necesidades y las aspiraciones del pueblo de México?

Los partidos están constituidos por verdaderas mafias que no permiten la entrada a personajes que verdaderamente quieren ayudar a transforma a México.

Es indispensable impulsar las candidaturas independientes que le traigan nuevos aires a la política mexicana.

Es indispensable impulsar una educación en la que se le enseñe a las nuevas generaciones a vivir en una verdadera democracia.

En México nunca hemos conocido ni vivido en democracia, siempre hemos estado sujetos al autoritarismo, lo mismo es en la familia, en la escuela, en la fábrica, en las religiones como en el gobierno.

Lo mismo ha sido durante toda nuestra historia como en la época prehispánica, en la colonia, en el siglo XIX, en el porfiriato, en el Priato como en la actualidad.

Desde hace mucho tiempo hemos tenido el paternalismo que ha matado en forma muy sutil nuestras aspiraciones democráticas.

Para llegar alguna vez a ser una sociedad verdaderamente democrática, necesitamos una educación propia de una sociedad madura, libertad de pensamiento, esfuerzo, libertad para organizarse, capacidad de diálogo, responsabilidad personal, creatividad, cooperación, etc.

Si el sistema educativo nacional no impulsa estas características, no está preparando a las nuevas generaciones para que puedan vivir en democracia.

Algo importante en la construcción de una democracia es el cambio en los contenidos de los medios de comunicación.

Actualmente están diseñados para darle poder a las estructuras de gobierno.

Se le da poder cuando se habla bien de él, pero también se le da cuando se habla mal del gobierno.

¿Cuantos funcionarios corruptos han caído gracias a la información que se da a conocer mediante los medios de comunicación?

Hay un dicho que dice: "Lo que no me mata, me fortalece"

Hay otro que nos dice:"Aunque se hable mal, pero que se hable de mi"

Si los medios de comunicación realmente desean una democracia, se requiere que estos hablen de los problemas, de las carencias, de las angustias, de las aspiraciones y de las soluciones que la sociedad necesita impulsar para resolver los grandes problemas nacionales.

Se ha dicho que la información es una magnifica fuente de poder, eso es cierto, pero es mucho más poderosa la capacidad para generar el conocimiento.

Los medios de comunicación tienen la posibilidad de ayudar a la población a crear su propio conocimiento y con ello adquirir el poder sobre si misma.

Ninguna estructura de poder hará concesiones democráticas al pueblo, a menos de que éste lo exija y esté dispuesta a pagar el precio

Una sociedad democrática es aquella que conoce sus derechos y los exige, pero más importante que eso, es el conocimiento y ejercicio de sus obligaciones.

Con esto estaríamos hablando de una verdadera ciudadanía, lo contrario a esto es la condición de un súbdito.

Un súbdito es quien espera el favor del rey, en nuestro caso, del presidente de la república.

Quien pasa su vida culpando al gobierno por lo que le falta, pretende lavar su culpa por todo lo que le ha faltado hacer por sí mismo.

La democracia no se construye con súbditos, sino con ciudadanos.

Quienes marchan por las calles para protestar contra el gobierno, algo dejaron de hacer personalmente que tienen que protestar por lo que otro no ha hecho.

Es difícil concebir que un ciudadano que cumple con todas sus obligaciones tenga la necesidad de marchar por algo que otro no ha hecho.

Aquí cabe una pregunta:

¿Los mexicanos estamos preparados para ejercer la democracia?

La respuesta es no, claro, desde mi punto de vista.

Necesitamos educarnos para ello.

Decir que si, sería engañarnos a nosotros mismos y esto nos llevaría a caer en una dictadura peor de la que ahora padecemos.

Hoy padecemos de la dictadura de los capos del crimen organizado.

Hemos llegado a esa dictadura debido a multitud de actos de comisión y omisión tanto del gobierno como de la sociedad civil.

En varias regiones del país los capos del crimen organizado se han constituido casi en verdaderos gobiernos, son los que piden el pago de derechos de piso, deciden quien vive y quien muere, manejan a las policía de los estados y de los municipios, y no hay autoridad que los ponga en orden.

Absurdo e inútil pretender combatir a la dictadura del crimen organizado con marchas y protestas por parte de la sociedad civil.

También resulta absurdo e inútil combatirlo solo con balas por parte del gobierno.

El ejercicio de gobierno no se define solo por el uso de las armas, sino por el ejercicio de la inteligencia para la satisfacción de las necesidades de la población.

En el gobierno no solo existe al Secretaría de la Defensa Nacional, también existe la Secretaría de Gobernación, de la Educación, la de Economía, de

Agricultura, de la de Comunicaciones y muchas otras que tienen funciones muy específicas, pero que no figuran en la comprensión y en la solución de los grandes problemas nacionales.

El crimen organizado es el resultado de las omisiones de las secretarias antes mencionadas y de la misma sociedad civil.

Nadie escapa de la responsabilidad que todos tenemos.

Cuando contemplamos a un criminal de 16 años de edad, todos apuntamos con nuestro dedo acusador a las diferentes instancias de gobierno, pero ¿Dónde estuvieron los padres de familia durante el proceso de formación de este criminal? ¿Qué hizo la escuela por la que paso este criminal? ¿Cuál fue el papel de los medios de comunicación del que seguramente algo llego a este delincuente?

¿Realmente queremos liberarnos de esa dictadura?

Liberarnos de esa dictadura no solo implica balas, sino también esfuerzo. Conocimiento, cooperación, sabiduría, impulso de las actividades económicas nuevas, una educación de calidad y la generación de una cultura que provoque el nuevo despertar de la población.

Se requiere descubrir lo que engrandece al crimen organizado para no alimentarlo y hacer que éste caiga por su propio peso.

El crimen organizado se alimenta de la frustración de miles de jóvenes que no tienen sus necesidades satisfechas, ellos se ocupan de captarlos con la promesa de satisfacerlos en forma pervertida, luego entonces es ahí donde debemos actuar.

Por supuesto que se debe combatir al crimen organizado, pero el énfasis debe estar en la construcción del tipo de sociedad que queremos y que no de lugar al crimen organizado.

Esto implica la construcción de una nueva educación y una nueva cultura.

Se dice que esto es para obtener resultados a largo plazo, esto no siempre es cierto.

En el terreno de la educación y la cultura se pueden tener resultados en el corto, mediano y largo plazo.

Por supuesto que para llevar a cabo esta gran tarea es indispensable el buen uso de los medios de comunicación, sin los cuales es imposible llevar a México a buen puerto.

¿Cree usted lque sea posible que México transite hacia la prosperidad mediante la educación y la cultura?

¿Estaría usted dispuesto hacer algo al respecto?

LO ABSURDO DE COMBATIR LA POBREZA

L A OBSCURIDAD ES la ausencia de luz.

Si queremos luz, solo tenemos que encender la lámpara.

Es absurdo combatir la obscuridad, igualmente es absurdo combatir la pobreza.

La pobreza es la ausencia de abundancia.

Si queremos abundancia, tenemos que crearla.

Si estamos a la mitad de un pozo y queremos luz, hay que avanzar hacia arriba, no hacia abajo.

Combatir la pobreza es como ir hacia abajo del pozo.

Entre más combatimos lo que no queremos, mas obtenemos lo que no queremos.

Entre mas avanzamos hacia abajo del pozo, más obscuridad obtenemos.

Es por eso que entre más combatimos la pobreza, mas pobreza tenemos.

Uno de los parámetros para medir la pobreza es contando las personas que viven en una vivienda con piso de tierra. La forma para disminuir la pobreza es poniendo a esas viviendas piso de cemento y "con eso ya dejan de ser pobres" Absurdo, ¿No cree usted?

En realidad esas personas seguirán siendo pobres con pisos de tierra o de cemento.

Es necesario redefinir la pobreza y la riqueza.

La pobreza no es la ausencia de dinero, es la creencia de no tener nada que dar a los demás.

Hay personas tan pobres, pero tan pobres, que lo único que tienen es dinero.

Para tener la condición de pobreza lo único que se requiere es no planear nada.

Pobreza es esperar que otro satisfaga mis necesidades

Quienes viven en esta condición están muy cómodos, no tienen que hacer un esfuerzo para salir de la pobreza. Y así tienen a quien culpar de su condición.

Nacer en la pobreza no es justificación para morir en la pobreza.

La educación de calidad debe llevar al estudiante a que adquiera las herramientas para crear la riqueza.

Si esta no se logra, esa educación no es de calidad.

La riqueza es imposible que llegue sola, a menos de que uno haga cosas diferentes de lo que ha hecho antes.

Nacer en una nación pobre tampoco es una justificación para vivir en la pobreza.

La riqueza y la pobreza no dependen en forma absoluta de los factores externos, sino de lo que uno cultive en el mundo interior de las personas.

La pobreza y la riqueza son un estado mental, dependen para ello de los pensamientos que uno albergue.

La condición económica de las personas se origina en los pensamientos, en las palabras, en los hábitos, en las acciones y en los resultados.

Uno elige.

La familia, la escuela y los medios de comunicación expresan todo tipo de ideas, ¿Cuáles son los que usted adquiere?

EL MIEDO A LA RIQUEZA

POCOS SE CUESTIONAN a profundidad el porqué México, siendo un país muy rico en recursos naturales, tiene un gran porcentaje de su población que vive en la pobreza.

Quienes se quejan de la pobreza, por lo general culpan al gobierno de la corrupción y a los grandes empresarios que la propician.

Por supuesto que hay una gran corrupción en unos y en otros, pero también la hay en los bajos niveles de la sociedad.

Ciertamente hay muchos personajes en la historia que han abusado de la acumulación de riquezas en perjuicio de las grandes mayorías, de ahí que rechacen el término riquezas que son conectados con los abusos.

Un término que no tiene tanta carga emotiva es "Calidad de vida"

Esto es algo a lo que todos podemos aspirar que significa tener lo indispensable para vivir bien sin tener la necesidad de acumular bienes en exceso.

Lo que casi no mencionan es que los pobres tienen su propia responsabilidad.

Nunca nos hablan de la comodidad que significa ser pobres.

¿Comodidad de ser pobres?

Por supuesto, ser pobres tiene su comodidad, así se tiene a quien culpar de su pobreza.

Acceder a la riqueza tiene su precio: El esfuerzo.

Los pobres no siempre están dispuestos a hacer el esfuerzo para pasar de la pobreza a la riqueza.

Nadie pasa de la pobreza a la riqueza sin algún tipo de esfuerzo.

Nuestro país nos brinda miles de oportunidades para crear la riqueza, el problema es que no tenemos la educación para detectar todas esas oportunidades.

En cambio, hay miles de extranjeros que llegan a México con una mano adelante y otra atrás y a los pocos años son grandes empresarios.

Paradójicamente hay millones de mexicanos que se tienen que ir a Estados Unidos en busca del sueño americano porque aquí en México no supieron construir el sueño mexicano.

¿Cuál es la diferencia entre unos y otros?

Los extranjeros tienen un nivel de necesidad mucho más alto que el de los mexicanos.

Ese nivel de necesidad los hace estar más atentos a las oportunidades que se les presentan.

La educación que tenemos la mayor parte de los mexicanos tiende hacernos más pasivos, más a la espera para que otros nos resuelvan los problemas que a nosotros nos corresponde resolver.

Muchas familias sobreprotegen a sus hijos para que no corran riesgos, les meten miedo para hacer las cosas, cuando son los riesgos los que hacen crecer.

Nos meten miedo al fracaso, cuando son estos la fuente de aprendizaje para después cosechar los grandes éxitos.

Cuando somos niños nos enseñan a ganar siempre, pero se olvidan de enseñarnos a perder.

En la vida real se pierde y se gana, hay que aprender las dos condiciones.

La educación que recibimos en la escuela enfatiza la memoria de los datos, no la habilidad para crearlos.

Se nos da una formación para ser empleados, no para ser emprendedores.

No se nos enseña a observar y a crear las nuevas realidades, nos enseñan a solo vivir las realidades creadas por otros.

El mensaje oculto que nos trasmite el sistema educativo es "Pobre naciste, pobre eres y pobre morirás"

Esto es una mentira, a menos que uno lo crea.

Uno puede nacer en la pobreza, pero no existe ninguna justificación para morir en esa condición.

Muchos hablan de reparto de la riqueza, la riqueza no se reparte, lo que debemos asegurarnos es que toda la población adquiera una educación de calidad de tal manera de que todos podamos ser los creadores de nuestra calidad de vida.

Un pueblo bien educado no puede ser objeto de los abusos de los "Poderosos"

Existen todos los recursos materiales para que podamos disfrutar de una mejor calidad de vida, pero para eso necesitamos una educación que la contemple.

Si los maestros viven en la pobreza, imposible que puedan trasmitir las claves de la riqueza a sus alumnos.

Es indispensable que los maestros tengan una calidad de vida aceptable para que con el ejemplo trasmitan a sus alumnos las claves para mejorar la calidad de vida de sus alumnos.

En la mayor parte de los pobres existen mandatos que son dictados por el subconsciente para que no se atrevan a acceder a la riqueza.

Hay personas que confiesan que ellas mismas se sabotean cuando están a punto de tener una oportunidad para mejorar su calidad de vida.

Hay otras personas que dicen abiertamente "No quiero salir adelante"

Hay religiosos que usan los versículos bíblicos para que sus fieles huyan de las riquezas y lo peor es que hay muchos que lo creen.

Es necesario saber que la biblia tiene versículos que estimulan para alcanzar mayor bienestar.

La biblia proporciona material para ser interpretada como cada quien quiera.

El tema amerita un investigación tal y como lo hizo Erich Fromm en su libro El miedo a la libertad.

EDUCACIÓN PARA CREAR LA RIQUEZA

MUCHO SE HA hablado acerca de la pobreza, prácticamente todos los políticos abordan el tema, todos ellos prometen emprender una lucha contra la pobreza, algunos sueltan las lagrimas y piden perdón por tanto abandono.

Lo mismo prometen los políticos de derecha que de izquierda y los resultados son los mismos. Todo se queda en buenas intenciones.

Somos una población de más de 112 millones de habitantes de los cuales más de la mitad viven en la pobreza, otros en extrema pobreza.

En contraste a esto, en México está el hombre más rico del mundo, Carlos Slim. No solo está él, hay otros que también están entre los más ricos del mundo.

Esto naturalmente se presta a la polémica, no es la intención de establecerla en este espacio, sino simplemente dejar en claro que estas riquezas se dan en un país con abundancia de recursos, creo que esto no se pudiera dar en Guatemala, San Salvador o en Honduras.

En un estudio que elaboró la UNESCO se establece que para generar la riqueza de los países se requiere que estos tengan varios de los 29 recursos, en ese mismo estudio se dice que Corea del Sur y Singapur tienen solo tres de ellos y son grandes potencias, México tiene los 29 y es un país pobre.

Hay otra paradoja, millones de mexicanos han cruzado la frontera con Estados Unidos para ir en busca del sueño americano porque aquí no pudieron generar su propio bienestar mientras que muchos extranjeros vienen a México sin nada en las manos y a los pocos años son ya grandes empresarios.

Esto nos dice que somos pobres no por ausencia de recursos, sino por una determinada mentalidad.

Hace algunos años una persona le platico a un primer ministro de Israel la famosa frase de Porfirio Díaz, "Pobre de México, tan lejos de Dios y tan cerca de Estados Unidos" a lo que este le contestó, Pobre de Israel, tan cerca de Dios y tan lejos de Estados Unidos"

Este intercambio de frases nos dibuja de cuerpo entero.

Millones de mexicanos fueron expulsados por la miseria en que vivían aquí en México, pero cuando llegaron a Estados Unidos se convirtieron en personas prósperas y exitosas, ¿En que radica el cambio?

¿Por qué somos un país pobre cuando vivimos en la abundancia de recursos?

La razón de nuestra pobreza se remonta al principio de nuestra historia como nación. A la conquista de la cual fueron objeto nuestros antepasados. La forma en que fueron masacrados pesa todavía en nuestra memoria, no solo eso, la independencia también fue un trauma social, todo el siglo XIX se constituyo en una serie de traumas y después con la revolución mexicana con la que no cambiaron las condiciones de los millones de habitantes, simplemente paso de manos el poder sin que se cumplieran los grandes anhelos del pueblo de México.

No hemos sido capaces de sacudirnos el peso de nuestra historia, todavía venimos arrastrándola y pensando que es la cruz que debemos llevar por la eternidad.

Como país, tenemos todos los recursos para convertirnos en una gran potencia en el mundo, pero el peso de nuestra historia nos mantiene todavía ciegos y sordos ante todo lo que existe a nuestro alrededor.

Lo que otros países consideran las grandes bendiciones, nosotros las vemos como las grandes maldiciones.

Tenemos una frontera de tres mil kilómetros con el mercado más grande del mundo y nos quejamos de ello, mientras que Singapur y Corea del sur darían cualquier cosa por tener una frontera con Estados Unidos de cuatro metros, con esa frontera ellos construirían puentes a desnivel de 20 pisos para pasar sus mercancías, mientras que nosotros nos quejamos cuando contamos 3000 kilómetros.

Es obligación del poder ejecutivo legislar las políticas públicas para crear entre todos la riqueza y es obligación del poder legislativo aprobar esas leyes, estos últimos son quienes supuestamente nos representan en la escena ideal, pero desgraciadamente solo representan a sus respectivos partidos.

Los legisladores aprueban nuevas leyes en función de los intereses de sus dirigentes, no en función de los intereses legítimos del pueblo mexicano.

En el presupuesto hay grandes partidas destinadas para la política social, esto es para ayudar a los pobres, para dotarlos de alimentos, de material para la construcción de sus casas, para salud y otros gastos que sirve solo para aliviar la pobreza, no para erradicarla.

Ha existido el deseo de hacer a un lado la política asistencialista, pero vuelven a caer en ella.

Es muy frecuente que se usen los grandes presupuestos para el gasto social, no por ayudar a la población, sino para la búsqueda del voto para los distintos cargos de elección popular.

Una propuesta que ha existido desde hace mucho tiempo es que se cobre el IVA para alimentos y medicinas y de esa manera el gobierno tendría los recursos suficientes para hacerle frente a todos los gastos, pero siempre han salido los diputados y senadores en defensa de los pobres, pero sin darse cuenta de que con ello se castiga a quienes menos tienen.

Gracias a esos defensores es que no se tienen los suficientes recursos para construir la infraestructura para crear la riqueza de los pueblos, no se tienen los recursos para crear una educación y salud de calidad, es por ello que será difícil ayudar a los pueblos que viven en extrema pobreza.

En todos los países que han tenido avances sustanciales es porque han creado el impuesto para medicinas y alimentos para toda la población, solo en México se resisten los legisladores a dar ese paso.

Es de elemental justicia que para recibir, primero hay que dar.

Son muchos los ejemplos en la historia en que se demuestran claramente que el populismo y el proteccionismo daña a los pueblos.

¿Será difícil que eso lo entiendan nuestros legisladores?

¿Cómo romper esa maldición?

La única forma es mediante una educación de calidad.

Esto es algo que actualmente no tenemos, ni siquiera tenemos claridad en ese concepto, confundimos con mucha facilidad la calidad con la cantidad.

En las últimas evaluaciones internaciones hemos salido en los últimos lugares sin que hasta la fecha de haya hecho algo para corregir los grandes errores que se cometen en la educación.

Son más de treinta millones que estudiantes que actualmente estudian los diferentes grados y la mayor parte de ellos están en un sistema de domesticación, más que de educación.

La domesticación es un término que se usa para designar el proceso de adaptación para los animales domésticos, en este proceso se le dan las ordenes al perro y este las ejerce hasta que realiza las tareas encomendadas.

Esta es una palabra muy fuerte, pero eso es lo que se hace en la mayor parte de los salones de clase, ¿Acaso no se pone el maestro frente a los alumnos para repetir todo lo que dice su libro de texto y los alumnos escuchan todo lo que dice el maestro? ¿Acaso se enseña a pensar? ¿Ejercitan la imaginación para crear un México diferente? ¿Qué tanto el estudiante aprende de la realidad en que viven? ¿Cuántos de los estudiantes llegan a conocer de las riquezas que tenemos en México para generar el bienestar para todos los mexicanos?

No tengo la menor duda que haya profesores y estudiantes que estén en esa tónica, pero ¿Cuántos?

Sea la cantidad que sea, no son suficientes para despertar a un país con 112 millones de habitantes.

Ciertamente somos un país de instituciones, pero todas ellas están en crisis, como en todas partes del mundo, pero en México más que en otros.

La institución más importante en cualquier sociedad es la familia, y ésta en México pasa por una profunda crisis.

Se dice que de cada 100 matrimonios, 25 se separan físicamente, 70 siguen juntos pero en permanente pelea en donde se faltan al respeto mutuamente y solo el 5 por ciento restante es el que se encuentran bien integrados.

Es imposible que de ese 5% salgan los delincuentes, los asesinos, los violadores, los secuestradores, los tiranos, etc. De ahí la necesidad de crear políticas públicas para corregir la principal institución de toda sociedad.

Por lo general las familias trasmiten los mismos patrones de pobreza o de riqueza, según sea el caso. Como la mayor parte de la población está en la pobreza, eso es lo que trasmiten a través del ejemplo. Son muy pocos los que escapan de esos patrones.

Es en la familia en donde debe iniciarse la formación para crear la riqueza, es en donde se tiene la mejor edad para asimilar toda la información que se requiere para tal efecto.

Los padres que eluden la responsabilidad de darles una educación económica a sus hijos, permiten que el medio ambiente los "eduque" y la experiencia nos dice que esa educación no es la mejor.

Los medios de comunicación electrónicos son los inventos mas maravillosos que se inventaron en el siglo pasado, por desgracia no se le ha dado el uso que todos quisiéramos, se han usado para reflejar todo lo perverso que hemos hecho como seres humanos.

Los medios de comunicación han terminado por traficar solo con la basura informativa que a diario producimos y que a nadie edifica.

Nos describen la miseria en que viven millones de compatriotas, lo que gana un obrero, de cómo quiebran las fabricas, de los abusos de muchas empresas.

Los medios nos proporcionan a diario todas las razones para desilusionarnos y en muchos casos lo logran.

El problema de los medios es que ignoran por completo la función que tienen en esta sociedad, estuvieron por mucho tiempo sujetos al poder político de tal manera que no se les permitía que se salieran un ápice de lo que dictaba el gobierno en turno.

Cuando los políticos soltaron las riendas de los medios se dio el caso de que los periodistas no sabían que decir y todavía están como los adolescentes, saben que tienen poder pero no saben como usarlo.

Se dan el lujo de diseñar una ley en la que ellos obtienen los grandes privilegios y dejan a un lado los pequeños medios y hacen pasar la ley en la cámara de diputados y en la de senadores, afortunadamente fue detenida en la Suprema Corte de Justicia de la Nación.

La función de los medios es la de promover el entendimiento entre los gobernantes y los gobernados y entre los unos y los otros.

Esto nos llevaría a modificar por completo todos los contenidos de los medios de comunicación y estos podrían ayudar a crear las condiciones para construir un mejor país.

Mediante los nuevos contenidos conectaríamos a todos los mexicanos con la realidad que está ahí para ser modificada de tal manera que entre todos podamos crear el bienestar para todos los habitantes.

Conectaríamos a las autoridades de educación con los expertos en el tema, con los padres de familia, con los maestros y con los mismos alumnos para formar a los nuevos hombres y mujeres que se le vida a este país.

Esto daría lugar a una completa transformación de los planes y programas de estudio de tal manera que los estudiantes aprendan a ver el país que tenemos, aprenderían a leer, a escribir, a pensar, a imaginar y crear las nuevas realidades.

Necesariamente aprenderían nuevas materias que le ayuden a vincularse mental y emocionalmente con México.

El mundo está cambiando vertiginosamente y no nos damos cuenta de ello, esto nos impulsa a crear las nuevas realidades, para esto necesitamos formar a los nuevos estudiantes de tal manera que el futuro no los reciba con las desagradables sorpresas.

Necesitamos introducir calidad en todo el proceso educativo. Esto no necesariamente implica altas inversiones con la tecnología de punta, quienes puedan contar con ella, excelente, pero no necesariamente quienes carecen de ella quiere decir que no tendrán calidad educativa. Se puede tener calidad educativa en las rancherías más apartadas del país.

La educación de calidad implica mostrarle los recursos naturales que pueden servir a los estudiantes para que a partir de esos se puedan explotar racionalmente para crear el bienestar para toda la comunidad.

De nada sirve hablarle al estudiante de los grandes ríos, los bosques y selvas de México si no le creamos la posibilidad de hacer algo al respecto.

No existe una sola comunidad, por más pobre que sea que carezca de algún recurso susceptible de ser explotado y con el generar riqueza.

Son muchas las comunidades que viven en zonas desérticas en donde hay muchas cactáceas, mismos que muchos consideran una planta inservible, casi todas son aprovechables para efectos médicos y ese mismo producto está siendo exportado principalmente a Japón y China.

Desgraciadamente son muchos campesinos que ignoran esto y desperdician esta riqueza.

Hay personas conocedoras de los recursos que son susceptibles de ser aprovechados y con ellos generar el bienestar de las comunidades, estos asesoran a las comunidades para generar su propia autosuficiencia y ya no están esperando la ayuda oficial del gobierno.

Esta es una autentica ayuda que requieren las miles de comunidades y esa es la enseñanza que debiera impartirse en las escuelas de las poblados más apartados del país.

Tenemos el caso de los menonitas a quienes el Presidente Álvaro Obregón les dio entrada al país con la esperanza de que estos contagiaran a los mexicanos el espíritu de trabajo, desafortunadamente estos han elegido vivir aislados de de la "civilización" para no contaminarse de las "malas costumbres" de los mexicanos.

Estos viven en comunidades en el estado de Chihuahua, Durango y Zacatecas, tienen la virtud de hacer algo para convertir los terrenos desérticos en terrenos aptos para la agricultura y la ganadería, ¿Qué hacen? No sé con precisión, pero ahí están los hechos, los vemos aquí en la ciudad de México en varias avenidas que vienen a vendernos sus famosos quesos.

Son muchas cosas las que debemos aprender y enseñárselas a nuestros hijos para crear la riqueza en este país.

No es indispensable correrlos hacia Estados Unidos, aquí podemos crear las condiciones para vivir y prosperar en este país.

Urge tomar responsabilidad por nuestro país desde la trinchera en que nos encontremos.

Si somos estudiantes, tenemos la obligación de enamorarnos de este maravilloso país, tenemos la obligación de estudiar para cambiar las condiciones para vivir dignamente, cuanto antes debemos crear nuestro proyecto de vida que esté vinculado a un proyecto de nación.

Tener un proyecto de vida es como tener un mapa para encontrar el tesoro, si vamos en busca de un tesoro sin ningún mapa es poco probable que lo encontremos.

En la vida, si carecemos de un proyecto de vida nos hacemos vulnerables ante los grandes obstáculos que nos pueden llevar al fracaso.

Todos los estudiantes tenemos el derecho y la obligación de exigir una educación de calidad.

La educación de calidad nos puede garantizar que todos vamos a tener la oportunidad para contribuir con México y para que de esta manera México pueda contribuir con nosotros.

Si somos padres de familia, tenemos la responsabilidad de educar adecuadamente a nuestros hijos para crear la riqueza que los beneficie a ellos mismos y a quienes los rodea.

Si usted es maestro, tendrá también la obligación de enseñarles a sus alumnos la capacidad para leer, escribir, hablar, dialogar, debatir, pensar, imaginar y crear una nueva realidad. Tiene usted la obligación de impulsar a sus alumnos a salir de la pobreza, si es que están en esa condición. Usted tiene la obligación de conocer los recursos que hay en su comunidad que son susceptibles de ser explotados para crear el bienestar de la comunidad en la cual trabaja y tendrá la obligación también de darla a conocer a sus alumnos para que en el futuro ellos tomen responsabilidad al respecto.

Si es usted periodista, tendrá como misión fundamental la de crear el entendimiento entre los gobernantes y los gobernados, entre los unos y los otros. Esta definición implica un cambio profundo en el quehacer periodístico, es necesario comunicar las buenas nuevas, las acciones exitosas de las personas y de las instituciones para nuevamente creer en ellas. Es necesario dar a conocer los recursos que hay bajo nuestros pies para ser explotados de manera racional para crear la riqueza entre todos y para todos.

Si usted es empresario habrá que buscar crear los productos y servicios que la sociedad realmente requiere para su crecimiento en todos los aspectos. Es necesario dejar atrás la guerra entre unos empresarios contra otros, que elegantemente ahora le llaman "Competencia", busquemos ser complementarios con otras empresas para servir realmente a la población en cooperación.

Si usted es sacerdote o pastor de una iglesia, su obligación es ayudar a sus feligreses a construir el reino de los cielos aquí y ahora, no tenemos que esperar a cuando pasemos a la otra vida. Usted tiene el conocimiento para ayudar a pensar adecuadamente a sus feligreses, no detenga su crecimiento espiritual.

Si usted es un político, sea honesto y transparente, la ética es la herramienta para escalar a grandes alturas cuando se ha entendido y aplicado correctamente. Esta disciplina nos da los suficientes elementos para ayudar a los demás a alcanzar las metas en la vida.

La política es la búsqueda del bien común, pero no necesariamente debe quedar bien con todos, habrá necesidad de poner el alto a unos cuantos que dañan a las mayorías.

Usted no tiene derecho a ejercer el presupuesto de manera populista para conquistar las simpatías del pueblo, eso a la larga trae grandes perjuicios a la población.

No es función de los políticos darle de comer al hambriento ni darle techo y salud a quien carece de ella, su función es la de crear las condiciones para que entre todos hagamos ese trabajo.

México tiene todos los recursos para crear la riqueza, lo que nos falta es la voluntad política para poner orden en la economía y nos falta el capital humano para darle ese impulso que nos falta, pero eso lo podemos resolver con una educación de calidad y eso les toca a usted impulsarlo.

No es la tecnología de punta ni los recursos económicos lo más esencial para crear una educación de calidad, sino es la voluntad política para hacerlo y sobre todo, tener la claridad del país que queremos construir para el corto y largo plazo, con solo tener esto, los recursos y la tecnología de punta vendrán casi solos.

Como se podrá dar cuenta, nadie tiene derecho a escapar de su responsabilidad para hacer de México una gran nación.

Ya es tiempo de dejar de culpar al gobierno de todos los males, todos somos responsables de nuestra propia condición.

¿REALMENTE SON TAN PODEROSOS LOS INTERESES CREADOS?

MÉXICO SE ESTÁ rezagando en muchos aspectos, mientras que otros países están haciendo avances significativos, México es incapaz de tomar las grandes decisiones para avanzar.

China, India, Singapur Corea del Sur están haciendo las grandes reformas que les está ayudando a ponerse por encima de los "intereses creados"

Siempre se aduce como justificación del porque no se pueden hacer las grandes reformas en México es porque a "los intereses creados" no les conviene.

Lo curioso es que en todos los tiempos y en todos los lugares han existido los intereses creados que tratan de impedir los cambios porque les incomoda.

Pero no solo a los intereses creados les incomoda los cambios, también les incomoda a los pobres, a los que viven en la permanente inseguridad, a los que viven gracias a la corrupción, etc.

Siempre que sufrimos un mal y este persiste, es porque nos trae algún beneficio.

El pobre prefiere seguir en su condición de pobreza porque así no tiene que hacer el esfuerzo para superarse y tiene a quien culpar.

"Si me vienen a sacar de la pobreza, bien, si no que siga el entierro".

"Todos estamos de acuerdo en que se ataque a la corrupción, siempre y cuando no me afecte a mis intereses".

Si a las victimas de los grandes males les trae algún beneficio, imaginemos a los victimarios los que les trae a ellos.

Los beneficiarios de los grandes males no están dispuestos a ceder sus privilegios que obtienen de ellos.

¿Como le han hecho los países que logran ir por el camino del progreso?

Necesariamente se han puesto por encima de los grandes intereses, no se ponen por debajo de ellos, como ha sido el caso de los gobiernos mexicanos.

Ponerse por encima de los grandes intereses significa plantear las soluciones que a todos les conviene, incluyendo a los "intereses creados".

La clase política mexicana no tiene esa grandeza como para ponerse por arriba de esos intereses, si la tuviera, ya habría creado las soluciones para los grandes problemas sociales.

Lo mismo podemos hablar de los políticos del PRI como los del PAN y por supuesto los del PRD.

La clase política tiene secuestrada a las instituciones, a tal grado que impide que los más hábiles entren al juego de las grandes ligas de la política.

¿Que se necesita para ponerse por arriba de los intereses creados?

Lo único que se requiere es atreverse a pensar en las soluciones que beneficien a todos, incluyendo a los intereses creados, así no resistirán a los grandes cambios que se tengan que hacer para cambiar las estructuras del país.

Es indispensable que los medios de comunicación estén en la búsqueda del estadista que México necesita.

Actualmente están resistiendo a los cambios, aunque sus palabras parezcan que están a favor de estos.

Es indispensable que miremos hacia los países que se han atrevido a realizar cambios en sus estructuras y tomar todo aquello que debamos hacer.

Podemos esperar a ser muy originales, pero podríamos esperar mucho tiempo y los problemas se podrían agravar más.

Los mexicanos hemos construido muchos mitos que nos impiden avanzar.

Es necesario identificarlos y destruirlos para avanzar.

Necesitamos tener el valor de identificar los viejos paradigmas y crear otros que nos ayuden a ponernos por encima de los intereses creados.

¿ES POSIBLE EL CAMBIO SOCIAL?

EL DISCURSO SOBRE el cambio social se escucha muy bien en los políticos y en los intelectuales, pero en la cruda realidad parece imposible.

El deseo de cambio es un anhelo desde que el hombre es hombre y por desgracia nunca ha sido posible, si acaso ha habido chispazos en algunos momentos de la historia de la humanidad pero muy pronto se desvanecen.

Todos los políticos asumen que podrán realizar los grandes cambios para terminar con la pobreza, con la inseguridad, con la corrupción, con la impunidad, y con el narcotráfico.

Seguramente se la creen ellos mismos, de hecho se les ve muy convencidos de que lograrán sus propósitos, el problema es que casi nunca nos dicen como.

Cuando uno baja a la cruda realidad, se da uno cuenta de que existe el ladrón de carros a quien le pagan 3,500 pesos por cada automóvil que roba, si roba 4 a la semana, al mes tiene 14,000 pesos, ¿Quién le paga esa cantidad por 8 horas de "trabajo" al mes?

Si lo invitamos a que consiga un trabajo decente en donde no corra riesgos y en donde le pagan el salario mínimo, ¿Qué nos dirá? Es seguro que nos mande a volar.

Si vamos con un tianguista que tiene en su puesto 20 años trabajando y de dónde saca para todos sus gastos para sus hijos que tiene en la escuela, pero vemos que toma la luz sin pagar, ensucia la calle, da muy mal aspecto a nuestra ciudad, no paga impuestos, alimenta la corrupción y le mostramos que está violando muchas leyes y nosotros con una "alta conciencia cívica" lo invitamos a que se formalice, pero al darse cuenta del alto costo que tendría, ¿Qué nos contestaría? Seguramente también nos manda a volar.

Si vamos con un empresario que explota a sus trabajadores, y que los hace firmar contratos cada mes con el propósito de evadir responsabilidades legales, que no les paga a los proveedores, que contrata a personal calificado pero no titulados con el propósito de no pagar lo que normalmente se la pagaría a los profesionales y le decimos que está violando las leyes y que está cometiendo muchas injusticias y le pedimos que normalice sus relaciones con sus empleados, seguramente nos dirá que él hace lo que se le pega la gana y que tiene abogados que siempre le ayudan en los problemas laborales.

Cuando uno va con un funcionario de gobierno para señalarle todos los actos de corrupción de su gente, por lo general nos recibe muy amable y nos explica que las cosas no se pueden resolver tan fácilmente y que debemos esperar porque si actuamos de manera sorpresiva, por lo general acuden a diversas instituciones para ser defendidos y muchas de las veces ganan los casos por falta de pruebas.

Nuestros gobernantes no se rigen por las leyes o por las nuevas ideas del cambio, sino por las viejas costumbres, muchas de ellas perversas o por el miedo a ejercer un gobierno con valentía.

Si vemos a los hijos de estos personajes nos daremos cuenta que están siguiendo los mismos pasos que sus padres.

Ahí está el circulo vicioso que aparentemente no hay forma de convertirlo en un círculo virtuoso.

Hay muchas personas que se pronuncian por el establecimiento de una dictadura que someta por la fuerza a todos los que violan las leyes, pero quienes han pasado por una dictadura nos dicen que se pierden las libertades más elementales.

La triste realidad es que no tenemos remedio, no es posible transformar a las personas de la noche a la mañana, no es posible cambiar de ideas, de costumbres ni de tradiciones ni creencias sin las cuales podríamos hacer de las personas seres humanos completos.

Nuestros hijos seguirán los mismos pasos, a menos de que iniciemos la completa transformación del tipo de educación que les proporcionamos en este momento.

Si de verdad deseamos un cambio en la próxima generación, necesitamos crear una profunda reforma educativa integral de tal manera que los niños puedan ser diferentes a sus padres.

Si acudimos a los padres de familia para invitarlos a que tenga un comportamiento más adecuado a lo que requiere una nueva sociedad, como lo decíamos anteriormente, nos mandan a volar, pero si los invitamos a que nos ayuden a darle una mejor educación a sus hijos de tal manera que puedan acceder a todos los adelantos científicos y tecnológicos y si les garantizamos que podrán tener una vida mucho más digna de la que sus padres han vivido, seguramente se mostrarán mucho mas cooperativos.

El problema es que nadie ha hecho un planteamiento de una reforma educativa integral, solamente algunos intelectuales hablan del tema sin que alguien con la responsabilidad de hacerlo lo haga.

Como sociedad civil tenemos la obligación de solicitarlo a quienes pueden hacerlo.

Los políticos de todos los partidos están más ocupados en asuntos coyunturales, más que en asuntos verdaderamente importantes.

Los medios están empeñados en seguir el juego de los políticos, los profesores están esclavizados en hacer lo que hacen sin que se tenga los suficientes frutos al respecto. Los padres de familia están doblegados a la autoridad sin que se haga algo significativo por las nuevas generaciones.

Como sociedad civil estamos obligados a levantar la voz y a informarnos de lo mucho que podríamos hacer.

La propuesta es que solicitemos a todos los medios de comunicación que se hable del tema, que se hable de la educación que tenemos, de la que podríamos tener y de los caminos que estamos obligados a construir para transitar de la escena real a la escena ideal.

Si nos mantenemos esperando como sociedad civil, esperaremos toda la vida sin ningún fruto.

LA ARTICULACION DE TODOS LOS MALES CONSTITUYE UN MONSTRUO

LA POBREZA ESTÁ perfectamente articulada con la ignorancia, la corrupción, la inseguridad, la impunidad, la drogadicción y el narcotráfico.

La articulación de todos estos problemas constituye un verdadero monstruo de dimensiones colosales contra el cual no existe poder humano que lo pueda derribar con éxito.

Este monstruo tiene al pueblo perfectamente domesticado.

Los grupos que se forman para combatir los problemas específicos, son tragados por este monstruo o se convierten es los aliados del mismo.

De repente surgen grupos preocupados por la pobreza de ciertas personas y se organizan hace aliviarla, pero con el tiempo se dan cuenta que se necesita hacer muchas otras cosas para erradicarla de fondo y al tiempo abandonan esa lucha.

Lo que hacen algunos de estos grupos es lo meramente asistencial, con el tiempo se dan cuenta que se requiere trabajar con una educación y cultura diferente, mismas que no existen todavía.

Hay grupos que se forman para estudiar y combatir la inseguridad, hacen acopio de toda la información y tratan de difundirla creyendo tal vez que con la sola difusión contribuye a descender los altos niveles de la delincuencia.

Con el tiempo se dan cuenta que la inseguridad está perfectamente articulada con la corrupción y esta con la impunidad y esta con la apatía de la población.

Algo que hace grande al monstruo es nuestra ignorancia, nuestro miedo, nuestra resistencia al cambio y sobre todo, la ausencia de algo que nos cobije como lo hace ese monstruo.

La historia de México es un vivo testimonio de esa articulación perversa, que es la que ha impedido el pleno desarrollo de la sociedad.

No existen los contrapesos para combatir al monstruo con éxito.

La solución que los hombres han tratado de darle a los problemas sociales es combatiendo al monstruo, pero esto resulta contraproducente, porque este responde con mayor fuerza que nos aplasta.

Decía Goethe: "Contra la estupidez, hasta los Dioses luchan en vano".

En lugar de "estupidez" pongamos cualquier otro mal que padecemos actualmente, llámese delincuencia, corrupción, drogadicción, narcotráfico, apatía, etc.

Tal vez usted se pregunte ¿Cómo es que le han hecho las sociedades que han tenido éxito en la lucha contra los grandes problemas?

La respuesta está en la creación de un proyecto que nada tiene que ver con lo negativo, sino con lo positivo, en el caso de la pobreza, no se lucha contra la pobreza, sino en pro de la riqueza; no se lucha contra la corrupción, sino por la creación de una cultura de la legalidad; no se lucha contra la ignorancia, sino en pro de una educación integral.

De hecho, la base de la construcción de una sociedad moderna radica en la creación de una visión del país, es el dibujo del estado ideal y al mismo tiempo en la creación del puente para transitar de la escena real a la escena ideal.

Esto es lo que muchos llaman el proyecto de nación, mismo que nadie ha creado en México, al menos no lo conocemos todavía, si es que alguien ya lo creó.

Todos los políticos y todos los partidos dicen tener su proyecto de nación, pero en realidad no es otra cosa más que un catálogo de problemas que dicen poder resolver una vez que lleguen al poder.

Más que proyectos, hay solo personas que se ponen al frente y se erigen en los salvadores de la patria.

Las ideas brillan por su ausencia.

La lucha electoral se basa en las imágenes sin contenido, es por eso que las ciudades se inundan de las fotografías de los aspirantes con frases huecas que carecen de contenido.

Lo que en realidad exhiben es una férrea lucha por el poder por el poder mismo.

Las campañas electorales se hacen con dinero, con mercadotecnia, con la publicidad, no con ideales.

¿Dónde están las ideas? ¿Dónde están los proyectos?

¿Cómo se edifica una gran nación?

La solución está en la creación de un proyecto que sea capaz de hacer que el monstruo caiga por su propio peso.

Muchos intelectuales se quejan de que quien realmente gana las elecciones es el dinero, la mercadotecnia y el uso de las encuestas en lugar de las ideas.

Desgraciadamente esto es cierto, el problema no es la carencia de ideas, lo que pasa es que las ideas son pobres o mal estructuradas de tal forma que casi nadie las toma en cuenta.

Necesitamos estructurar las ideas de tal forma que no haya ningún medio de comunicación que prescinda de ellas.

Necesitamos generar las ideas con las cuales podamos comprometer a todos los mexicanos en la construcción de un nuevo México.

El proyecto debe ser de tal magnitud que todos los mexicanos se quieran comprometer por la grandeza del ideal.

Por lo que vemos en los medios de comunicación, pareciera que los problemas son enormes y de difícil solución.

La realidad es que hay grandes problemas, pero también habría que señalar que existen mentes privilegiadas que trabajan incansablemente por construir un mejor México cada día.

El problema es que están aislados, cada quien trabaja en su proyecto y no son tomados en cuenta ni por las instituciones ni por los medios de comunicación.

Urge la creación de un periodismo que recoja las nuevas ideas para darle solución a los grandes problemas que padece la sociedad.

Existen las grandes ideas aquí en México, solo es cuestión de querer encontrarlas.

¿QUÉ LUCHA ENTUSIASMARÍA A TODOS LOS MEXICANOS?

TODA LUCHA NEGATIVA genera resistencias.

La lucha contra el narcotráfico es una lucha negativa a la cual no todos los mexicanos están sumados a ella.

Es la peor lucha que pudo emprender el presidente Felipe Calderón al inicio de su gobierno.

No está mal combatir al narcotráfico en sí, lo que está mal es poner esta lucha por arriba de todas las que debe emprender todo un pueblo.

Las actividades del narcotráfico han generado multitud de beneficios a miles de personas que difícilmente aceptarían realizar otro tipo de actividades.

Hay estados cuya economía dependen de las actividades delictivas.

En torno a las actividades del narcotráfico hay miles de actividades totalmente legales que dependen de los flujos que vienen del negocio de las drogas.

Si nos propusiéramos combatir a todos los negocios que tuvieran alguna relación con los narcos tendríamos que encarcelar a pueblos enteros.

Igualmente combatir la corrupción es una lucha negativa que también generaría mucha resistencia.

La corrupción genera muchos "beneficios" temporales a los que difícilmente los corruptos y los corruptores renunciarían.

Ninguna lucha contra la corrupción ha triunfado cuando no se ofrecen opciones.

Igual pasa cuando se lucha contra la pobreza.

Hay miles de personas que viven bien gracias a que existe la pobreza, estos serían los primeros que protestarían en forma velada para que siguiera existiendo la pobreza.

Vivir en la pobreza es muy "cómodo" para muchos porque así se tiene a quien culpar de la condición en que viven los pobres y no se tiene que hacer el esfuerzo que implica acceder a la riqueza.

Luchar contra la pobreza solo contribuye a que esta siga existiendo.

Las huelgas de hambre también entran en esta categoría, desde mi punto de vista es una lucha lastimera en la que los huelguistas se ofrecen como espectáculo nada dignificante en la que nos dicen "Si no me concedes lo que quiero me voy a suicidar ante los ojos del mundo".

Lo ideal es encontrar otra forma de lucha que realmente invite a los otros a solidarizarse plenamente.

Habría que ver como manejan los japoneses los conflictos obreros patronales.

Lo mejor sería emprender una lucha positiva en la que todos los mexicanos puedan contemplar un beneficio propio y colectivo, incluso, los que se benefician de las actividades delictivas puedan contemplar el cambio de actividad por otras que causen beneficios a los demás.

Esto desde luego es más difícil porque implica mayor esfuerzo, mayor creatividad e imaginación.

La lucha por la independencia de España arrastró a miles de personas porque pudieron contemplar los beneficios que ello implicaba.

El que finalmente no se logró la independencia plena fue por otras causas, eso ya es otro asunto.

La lucha por la revolución también arrastro a miles de personas en el país porque ya no tenían nada que perder, lo que viniera después era ganancia.

¿Qué lucha podríamos emprender todos los mexicanos en la cual nos podamos sentir identificados?

Esta lucha deberá ser de tal magnitud que convoque a todos los medios de comunicación a sumarse a ella.

Deberá convocar a todos los padres de familia, a los estudiantes, a los maestros a prepararse para enfrentar el reto que esa lucha nacional implica; deberá ser de tal magnitud que implique el cambio de paradigmas por otros que nos impulsen a realizar los grandes cambios en la mentalidad de todo el pueblo de México.

Por supuesto que esto supone un liderazgo totalmente distinto a todo lo que hemos padecido los mexicanos.

Deberá tener tal claridad que todos podamos entender lo que se quiere lograr y de que manera podrá sobrepasar todos las adversidades.

Un líder entenderá necesariamente la situación en que vive, tendrá la capacidad de diseñar el ideal al que quiere llegar y al mismo tiempo podrá diseñar los puentes para transitar de la escena real a la ideal.

Tendrá tal conocimiento del manejo de las masas que podrá dirigirlos por el camino correcto.

Un líder moderno está obligado a convocar a todos los artistas para que ayuden a entusiasmar al pueblo entero bajo un ideal.

Deberá generar tal entusiasmo que sea imposible no sumarse al ideal que enarbola el líder.

Pero ¿Cual podría ser ese ideal que enarbole el líder?

Tal vez podría ser "colocar a México en 20 años como la primera potencia económica y cultural del mundo".

Tomando en cuenta todas nuestras fortalezas que tenemos como nación es perfectamente posible puesto que contamos con todos los recursos naturales que podemos aprovechar para crear la riqueza.

Otra fortaleza es que 28% de la población tiene menos de 15 años.

La edad promedio de los mexicanos es de 27 años.

La edad de estos mexicanos nos hace pensar que se puede.

Nuestra gran debilidad que podemos convertir en fortaleza es que esos jóvenes no están preparados para una magna tarea, pero afortunadamente existen todos los recursos para educarlos de tal manera que se pongan al día en todas las tecnologías.

Un nuevo liderazgo necesariamente tendrá perfectamente claro que lo que más importa en el manejo de las masas es el buen uso de las emociones, más que el uso de la razón.

La razón no mueve a nadie, así se presenten todos los datos elocuentes, si la persona se encuentra en un estado emocional inadecuado no tendrá el éxito esperado.

Hay que usar las emociones que solo los artistas pueden hacer para darnos cuenta los grandes privilegios que la naturaleza nos ha regalado.

El buen uso de las emociones puede contribuir a despertar a todos los mexicanos.

Este movimiento necesita usar todas las expresiones artísticas como la música, la escultura y la pintura para remover los paradigmas que están perfectamente instalados en la mente de la población.

Por supuesto que el cine también es una herramienta extraordinaria de concientización, pero para ello habrá que cambiar de la temática lastimera a una realmente estimulante a tal grado que pueda tocar las fibras más sensibles de la sociedad.

Desgraciadamente ningún político que aparece en la escena parece que tiene las cualidades para emprender este tipo de liderazgo.

Necesariamente tiene que surgir del ámbito académico o de otra área.

Aquí los medios de comunicación pueden jugar un papel importante para encontrar ese personaje que México necesita.

URGE QUE SE IMPONGA EL GABINETE CONSTRUCTOR SOBRE EL REPRESOR

L A FUNCIÓN ESENCIAL del gobierno es educar y organizar al pueblo para que este pueda crear su propio bienestar entre todos y para todos.

Esto implica el conocimiento de los recursos naturales que hay en cada región del país, la investigación para explotarlos en forma racional y la articulación de los esfuerzos de todos los actores económicos para crear la riqueza.

Cuando esto falla se producen todos los conflictos sociales tales como la inseguridad, la corrupción, la pobreza, la impunidad, la ignorancia, la guerra contra el narcotráfico y muchos otros problemas.

Es por esto que la función del gobierno se convierte en una lucha contra el mal, olvidándose de construir el bien común.

Esta circunstancia ha hecho que se fortalezcan las instituciones que tienen que ver con el gabinete que ejerce la represión, tales como el ejercito, la marina, la policía federal preventiva, las corporaciones policíacas del país y todo el aparato de justicia.

El énfasis que se le está dando al aparato de justicia ha terminado por desvirtuar la función esencial del estado.

Por supuesto que el aparato de justicia debe seguir existiendo, pero el énfasis debe estar en todas las instituciones que tienen que ver con el gabinete constructor.

Este gabinete está constituido por la Secretaría de Educación Pública a la cabeza, CONACULTA, Economía, Gobernación, Comunicaciones y Trasportes, Agricultura, Pesca, entre otras.

Estas secretarias deben estar perfectamente articuladas y coordinadas para que haya mejor eficiencia y un mejor producto que unifique al país.

Es una triste realidad que este gabinete está siendo olvidado y el énfasis se está yendo hacia el gabinete represor.

En la medida de que haya mayor eficiencia en el gabinete constructor, se hace menos necesario el gabinete represor.

El pasado 21 de agosto se realizo la cumbre de todos los gobernadores del país y todo el aparato de justicia para tomar nuevas medidas contra el crimen organizado.

Nuevamente se reeditaron los viejos compromisos contra el crimen que nunca se han podido aplicar.

Por supuesto que el gabinete constructor estuvo ausente en esta importante reunión.

Se habló también de nuevos compromisos como por ejemplo de hacer un registro de todos los teléfonos celulares para ejercer un control sobre ellos.

Lo que no se toma en cuenta es que el ingenio de los delincuentes siempre va adelante y que siempre adquieren la capacidad para burlar la tecnología para poder hacer de las suyas.

Se habló de construir dos nuevos reclusorios de alta seguridad y de muchos otros compromisos que solo tienen la idea de fortalecer al gabinete represor.

Se puede adquirir toda la tecnología de punta en el tema de seguridad, se puede capacitar a todo el aparato de justicia, se pueden construir todos los reclusorios que se quieran, se puede aumentar el sueldo de todos los policías, se puede traer al mejor hombre del planeta para manejar la inseguridad y ninguna de estas condiciones nos puede garantizar el éxito en esta materia.

No se puede tener el éxito esperado porque no se están atendiendo las causas que originan la inseguridad.

Se habla constantemente de que el gobierno tiene la obligación de garantizarnos la seguridad, esto no es posible porque se puede garantizar solo aquello sobre lo cual se tiene control y los delincuentes no se les puede controlar por su propia naturaleza.

En el caso de un secuestro, se necesita de todo un proceso de planeación que lleva tiempo, ninguna entidad del gobierno tiene una bolita mágica que le diga quien está planeando un secuestro.

Las entidades de gobierno solo pueden actuar en cuanto se conoce de un acto realizado, no antes.

El gabinete represor no le ha podido ganar la guerra al crimen organizado ni se la podrá ganar porque no son solo unas cuentas personas, es en realidad un monstruo de dimensiones colosales que está articulado por la inseguridad, la pobreza, la ignorancia, la impunidad, la corrupción, el miedo, el resentimiento, los prejuicios, la soberbia y muchos otros elementos que componen el monstruo.

El gran error que comete el gabinete represor es pensar que el problema son las personas, mismas a las que combate día a día.

El verdadero problema es que el enemigo no son solo las personas, sino que es el conjunto de acuerdos, ideas falsas, prejuicios que están incrustadas en las personas.

Una desventaja del gabinete represor es que operan a ciegas, no identifican al enemigo real, en cambio, "el monstruo" los tiene perfectamente identificados.

Otro gran problema es que prácticamente la población entera formamos parte de ese monstruo, ¿Cuántos son los ciudadanos que cumplen con todas sus obligaciones? ¿Cuantos son los que pagan los impuestos que deberían pagar? ¿Cuántos son los que cumplen con todas las obligaciones como padres de familia? ¿Cuántos son los que cumplen con todas las obligaciones para tener un medio ambiente perfecto?

El hecho de que casi todos seamos parte de ese monstruo, hace que la lucha del gabinete represor sea contra el mismo pueblo y por supuesto que nos resistimos a ser vencidos por el gobierno. Esto es precisamente que hace imposible que la guerra sea ganada.

Si la mayoría de los ciudadanos cumpliéramos con todas nuestras obligaciones estaríamos viviendo en condiciones totalmente distintas.

Por lo general, acostumbramos delegar toda la responsabilidad que a nosotros nos corresponde a nuestros gobernantes y por supuesto que estos están imposibilitados a cumplir con todo.

Esta es la tarea que le corresponde al gabinete constructor y solo mediante este es que podríamos tener un gran país en unos cuantos años.

Es la deficiencia del gabinete constructor lo que da lugar a que el represor tenga que entrar en acción y que por supuesto no puede garantizar el éxito.

Mencionábamos anteriormente que la secretaria más importante en el gabinete constructor es la Secretaria de Educación Pública, a esta le corresponde hacer su trabajo de tal manera que nadie tenga la necesidad de pensar en llevar una vida criminal.

Deberíamos esperar de esta secretaria que llevara a los estudiantes al descubrimiento de todas sus potencialidades y al mismo tiempo que vincule a todos en el proceso productivo del país.

La triste realidad es que esto no sucede y esta ausencia nos ha llevado a padecer el país que hemos creado con nuestras omisiones.

Esto nos lleva a la necesidad de hacer una profunda revisión de la educación que le damos a los estudiantes para crear las razones de tal manera que puedan llevar una vida de plena convivencia con el resto de las personas que viven a su alrededor.

La mayor parte de los criminales han pasado por las aulas, lo cual nos indica que debemos hacer una profunda revisión de la enseñanza que se imparte y corregir lo que actualmente se hace.

No podemos pasar por alto el contenido de los medios de comunicación que actualmente no contribuyen a generar un ambiente de paz entre los ciudadanos.

Lo que se hace en la realidad es solamente relatar en que forma la sociedad se hace pedazos.

Los contenidos contribuyen a generar la desconfianza entre los unos y los otros, la decepción y se mata la esperanza en una mañana mejor.

Los medios nos proporcionan toda la información para deprimirnos.

Lo que deberíamos esperar de los medios es que estos se conviertan en los promotores del entendimiento entre los gobernantes y los gobernados; entre los unos y los otros.

Este concepto cambiaría completamente los contenidos de todos los medios de comunicación.

Esto nos llevaría a que los periodistas se dedicaran a investigar la realidad misma, que se entreviste a los verdaderos expertos en busca de las soluciones más viables, como es el caso de la inseguridad.

Limitar la función de los medios a solo denunciar los actos delictivos es una limitación casi criminal puesto que la televisión es un invento maravilloso el cual debemos usar para fortalecer el sistema educativo que nos lleve a construir un mejor país.

Algunas reflexiones

En términos de inseguridad, nos la pasamos haciendo lo urgente y dejamos para después lo verdaderamente importante.

Atacar solo los efectos es ponernos a la defensiva y jamás le podremos ganar la batalla al enemigo.

Cuando nos decidamos fortalecer al gabinete constructor, ya no habrá la necesidad de fortalecer al gabinete represor.

¿LOS MEXICANOS PODEMOS TENER UN GOBIERNO INTELIGENTE?

S I HABLAMOS DE un gobierno inteligente, es necesario definir en primer lugar lo que es la inteligencia.

La inteligencia es la habilidad para percibir, plantear y resolver los problemas.

Una persona es inteligente en la medida de que puede percibir los problemas, hace un buen planteamiento y los resuelve.

Una persona que no tiene la suficiente inteligencia se queda observando el problema y termina solo padeciéndolo.

Así también, un gobierno, si realmente pretende ser inteligente, entonces deberá saber observar los problemas, los podrá plantear y resolver.

Un gobierno que solo observa los problemas y se queda en eso, no podría ser clasificado como un gobierno inteligente.

¿Como sería un gobierno inteligente ante el problema del narcotráfico?

Este es un tema del que ya me ocupe y title ¿Como combatir el narcotráfico sin balas y con inteligencia? Este artículo lo puede encontrar en www.elsuenomexicano.org.

¿Cómo sería el modelo de un gobierno inteligente?

Necesariamente es aquel que no le apuesta a ejercer la razón de la fuerza, sino la fuerza de la razón.

Un gobierno inteligente no es el que actúa solo por intereses personales, sino el que tiene la grandeza de trabajar para la presente generación y las próximas.

Un gobierno inteligente no es el que se somete a los grandes intereses de la nación, sino el que sabe conciliar los intereses para que trabajen unidos para servir al país y en el que todos ganen.

No es el que promete ejercer toda la fuerza del estado para someter a todos los delincuentes, sino el que crea todas las estrategias posibles para que los delincuentes dejen de serlo y satisfacen todas sus necesidades de maneras más inteligente.

No es el que garantiza la seguridad de toda la población, porque no se puede garantizar lo que no se puede tener control, sobre los delincuentes. Lo que si puede garantizar es todo aquello sobre lo que si puede tener control, por ejemplo: impartir una educación de calidad que dé como resultado ciudadanos conocedores y ejecutores de sus derechos y obligaciones.

Un gobierno inteligente no es el que tiene los mejores métodos para combatir la corrupción, sino el que crea los mecanismos para que la corrupción no sea necesaria.

Un gobierno inteligente no es el que mejor combate a la pobreza, sino el que convoca a los ciudadanos para crear la riqueza entre todos y para todos.

Un gobierno inteligente no es el que defiende con toda firmeza de los actos discriminatorios que sufren sus ciudadanos en otros países, sino el que crea las condiciones para que nadie tenga la necesidad de salir del país en busca de trabajo.

Un gobierno inteligente no es el que promete construir muchas cárceles de alta seguridad, sino el que imparte una educación de calidad que hace innecesario tener más cárceles.

Un gobierno inteligente no es el que fortalece a todas las instituciones del gabinete represor, como las procuradurías, las diferentes policías, el ejercito y la armada, sino el que fortalece a todas las instituciones que tienen que ver con el gabinete constructor, como la Secretarias de Educación Pública, Gobernación, Comunicaciones y Transportes, Economía, Agricultora, entre otras.

¿EDUCAMOS O DOMESTICAMOS?

CUANDO IGNORAMOS LO que la educación significa, corremos el riesgo de domesticar a nuestros hijos y a nuestros alumnos. De hecho, se ignora en la familia, en la escuela, en los medios y en el gobierno lo que la educación significa

La educación es la serie de procesos encaminados a crear el carácter, el juicio y a incrementar la inteligencia de los educandos

Por desgracia en la escuela actual ni se forma el carácter, ni se forma el juicio ni se incrementa la inteligencia. Lo único que se hace es atiborrar de información a quien no está en

Posibilidades de usarla

La domesticación es el proceso de adaptación del animal a un determinado ambiente y eso es precisamente lo que hace la "educación" con los niños.

Nadie está absolutamente bien educado, ni tampoco nadie está absolutamente mal educado. Todos estamos en una escala de gradientes.

¿Cuáles serían los atributos de una persona educada?

Libre, creativa, líder, ético, inteligente, comunicativo, emprendedor, visionario.

Es difícil que una persona educada esté desempleada

¿Cuáles son las características de una persona domesticada?

Pasiva, dependiente, introvertido, apático, obedece a ciegas, es muy probable que no esté empleado para lo cual estudio.

¿Cuáles son los signos de la domesticación en la escuela?

Los planes y programas de estudio se llevan a cabo en forma rígida, lo cual no implica calidad educativa. Se le abruma al estudiante con excesiva información que no tiene una utilidad práctica en su vida. El profesor habla durante toda la clase y el alumno solo escucha. El alumno se aburre.

El alumno no le encuentra sentido de tanto memorizar información, por lo mismo no la articula con la vida del presente, menos con la vida del futuro.

La domesticación fija los patrones de conducta que después son difíciles de cambiar. Enseña lo que el niño debe pensar, adapta al hombre a vivir en el mundo como está

¿Cuáles son los signos de la educación de calidad en la escuela?

El profesor contempla las necesidades de los alumnos, más que llevar estrictamente los planes y programas de estudio, hace preguntas a los alumnos que llevan a la reflexión sobre el tema del cual tratan en la clase. El alumno se encuentra atento en todo momento, ve el sentido a la información que recibe.

Articula la información que recibe y contempla lo que va a hacer con ella en su propio futuro.

Una persona realmente educada tiene la capacidad de hacer los cambios que las circunstancias le obligan.

La educación enseña la habilidad para crear y desechar datos cuando estos ya no son operantes.

La educación enseña a pensar.

Los grandes problemas nacionales tales como la inseguridad, la corrupción, la impunidad, la pobreza, son el resultado de un largo proceso de domesticación.

Gran parte de la sociedad se rige bajo el principio de autoridad. El espíritu de servicio está ausente.

La transformación de esta sociedad es imposible en el corto plazo porque tanto unos como otros nos regimos por patrones de conducta ya preestablecidos.

La única forma con la cual podemos romper con el destino fatalista de la nación es educando a las nuevas generaciones de manera diferente. Eliminando todo rasgo de domesticación.

No necesitamos esperar a que venga un nuevo salvador de la patria y haga el trabajo que a nosotros nos corresponde.

Usted puede empezar ahora.

En primer lugar usted puede distinguir la educación de la domesticación.

Busque una escuela para sus hijos que más se acerque al ideal de la educación.

No se deje engañar por la publicidad que hacen las escuelas privadas cuando nos dicen que cuentan con maestros altamente calificados, excelencia académica, talleres de Jazz, oratoria, natación, dibujo, pintura, etc. Y tantas otras cosas que en realidad no corresponden a la realidad.

Tampoco se deje engañar por el lujo de las instalaciones.

El indicador más importantes es que los alumnos que están inscritos ahí se encuentren contentos.

Los niños del mañana solo pueden ser el resultado de la integración del equipo formado por los padres de familia, por los profesores y las autoridades de las escuelas.

El indispensable que todas las escuelas desarrollen los vínculos con la sociedad de tal manera que la lleguen a conocer a fondo de tal manera que en el futuro puedan contribuir a su transformación.

Es deseable que cada escuela de todos los niveles desarrolle sus propios medios de comunicación para tener al tanto a todos los profesores, padres y alumnos de todo lo que sucede en la escuela.

A través de estos medios se pueden detectar las necesidades de la escuela, las innovaciones educativas, y las soluciones a los problemas y se puede generar la participación de todos los actores en el proceso educativo.

EL PERIODISMO INTELIGENTE QUE MÉXICO NECESITA

SI HABLAMOS DE un periodismo inteligente, es necesario definir en primer lugar lo que es la inteligencia.

La inteligencia es la habilidad para percibir, plantear y resolver los problemas.

Una persona es inteligente en la medida de que puede percibir los problemas, hace un buen planteamiento y los resuelve.

Una persona que no tiene la suficiente inteligencia se queda observando el problema y termina solo padeciéndolo.

Así también, un periódico, si realmente pretende ser inteligente, entonces deberá saber observar los problemas, los podrá plantear y dar las diferentes opciones para resolverlos.

Un periodismo que solo observa los problemas y se queda en eso, no podría ser clasificado como un periodismo inteligente.

¿Como sería un periodismo inteligente en medio de una guerra contra el narcotráfico?

Un periodismo inteligente no debe ser el vocero ni de los narcos ni del gobierno.

Un periodismo inteligente tiene su mirada propia.

Realiza una investigación a fondo, pero no juzga ni condena.

Proporciona toda la información posible para que cada quien tenga los elementos suficientes para tomar decisiones.

Un periodismo inteligente articula los esfuerzos de todos los actores sociales para crear una mejor sociedad.

Un periodismo inteligente, más que dar información proporciona ideas para superar cada uno de los grandes problemas nacionales.

Un periodismo inteligente no habla solo de los delincuentes y de los malos políticos, sino también de las necesidades, de las aspiraciones, de lo que piensa la gente, de lo que le angustia y de las soluciones a los problemas.

El poder del periodismo inteligente radica en la calidad de la información que le es útil y apreciada por sus usuarios, mismos que corresponde con su preferencia.

Un periodismo inteligente recoge la información y por más negativa que esta sea, la convierte en algo positivo.

Por ejemplo, recoge la información relativa a la masacre de los 72 migrantes en Tamaulipas, la empresa convoca a sus colaboradores para estudiar el caso, procesa la información y saca sus conclusiones y mediante los diferentes géneros periodísticos saca la información a través de sus reportajes, artículos de fondo, columnas y ensayos en los que se proporciona información para todas las instituciones y la misma ciudadanía tome la responsabilidad que le corresponde.

El periodismo inteligente no se conforma con solo proporcionar la información, es creador del conocimiento y también promueve la creación del mismo por otros.

No se conforma con describir la pobreza en la mayor parte de la población, se ocupa de imaginar a todos trabajando juntos para crear la riqueza entre todos y para todos.

No se conforma con proporcionar la información de los hechos delictivos de unos cuantos, se ocupa de investigar las causas profundas y al mismo tiempo imagina todas las formas para salir de ese problema.

No se concreta a difundir la información relativa a la mala educación que hay en el país, se encarga de investigar todo lo concerniente al tema, entrevista a los principales actores del proceso educativo, a los padres de familia, a los maestros y a los niños.

Investiga a los países más avanzados y contempla lo que están haciendo y ve que se puede hacer en el país para estar a la vanguardia en el mundo.

Entrevista a los personajes que tienen la responsabilidad de impulsar la reforma y con esto genera la participación de todos los actores del proceso educativo.

El periodismo inteligente impulsa la creación de un proyecto de nación sobre el cual trabaja para cristalizarlo entre todos.

El periodismo inteligente no se concreta a decir lo que otros deben hacer, sino simplemente hace lo propio y eso invita a los otros para que también lo hagan.

Las personas exitosas e inteligentes hacen un esfuerzo personal para superarse y con la capacidad que tienen para detectar las oportunidades, las aprovechan y con todo eso llegan a tener éxito.

Así como esperamos de las personas, así también podemos esperar lo mismo del un periodismo inteligente.

Un periodismo inteligente nunca se somete a las circunstancias, este es más bien el creador de las mismas.

Así como hay personas que logran vencer a las adversidades, así también las empresas periodísticas están en posibilidades de vencerlas, no importa que tan grandes sean estas.

Una empresa periodística inteligente está en posibilidades de invitar a otras a vencer sus propias adversidades.

Así como podemos tener personas emocionalmente inteligentes que no se doblegan ante las adversidades y que son líderes porque pueden influir en muchas personas, así también podemos esperar de las empresas periodísticas que influyan de maneras positiva en la mayor parte de la población.

Un periodismo inteligente es aquel que logra encender la mecha del entusiasmo a pesar de las adversidades.

No conozco una empresa periodística con estas características, pero estoy convencido de que esta empresa puede ser constituida.

Con un periodismo de estas características es posible darle la vuelta a la historia.

¿TENEMOS EL DIAGNÓSTICO Y ESTRATEGIAS CORRECTAS CONTRA EL CRIMEN ORGANIZADO?

EN LO QUE va del sexenio de Felipe Calderón van más de 40,000 muertos, muchas empresas han cerrado sus puertas, hay inversiones que se han dejado de hacer por la inseguridad en muchos estados, el turismo ha descendido significativamente, hay miles de casas abandonadas, los que han tenido los suficientes recursos han emigrado a Estados Unidos y los gobiernos han mostrado su evidente incapacidad para resolver el problema de la inseguridad.

Un delito muy común es la extorsión, cuando las víctimas se presentan ante la autoridad para denunciar los hechos, estos le contestan a las víctimas, "cierren su negocio o cedan ante sus peticiones".

En otras palabras, los gobernantes han cedido la plaza, pero siguen ocupando sus puestos y siguen cobrando.

Cada cierto tiempo suceden asesinatos de alto impacto que conmueven a la sociedad entera a tal grado que a partir de esos hechos se organiza la sociedad civil para protestar, los días, los meses y los años pasan y todo vuelve a la "normalidad".

El miedo se ha apoderado de un sector importante de la población, a tal grado que la vida nocturna de muchas ciudades ha desaparecido.

Se han hecho advertencias: "Si no pueden, renuncien", el tiempo pasa y ni pueden y ni renuncian.

Se critica al presidente ferozmente por la estrategia, pero nadie propone otra.

Los partidos de la oposición (en especial el PRI) y que están en el congreso aprovechan para criticar al presidente en cada oportunidad, pero parece que ser que el poder legislativo le apuesta a que al presidente le vaya mal y de esa manera volver al poder como los salvadores de la patria.

Los mexicanos padecemos de una memoria muy corta, se ha olvidado que los actuales problemas del país se generaron en los 70 años del PRI, y ahora la gran mayoría de la población está pensando en darle una nueva oportunidad a ese mismo PRI, ¿Hasta cuándo aprenderemos de nuestra historia?

Muy seguido nos dicen los priistas que son la mejor opción, de que ellos si saben gobernar, de que han mejorado sus prácticas, pero los estados más violentos son los gobernados por ese partido, ¿Por qué no ponen la muestra en esos estados?

Ningún partido político ofrece una solución integral contra el crimen organizado, simplemente porque no tiene una solución.

Los medios de comunicación, al igual que la sociedad, critican fuertemente al presidente, pero tampoco estos proponen algo distinto.

Aquí caben dos preguntas, ¿Se tiene el diagnostico correcto?

¿Se tiene las estrategias correctas?

Cuando se tiene a un enfermo de cáncer y que manifiesta dolor, se comete un grave error si solo se le da analgésicos.

Eso es lo que está haciendo el gobierno, está atacando los efectos de un grave problema social muy complejo que es la inseguridad.

Está persiguiendo y encarcelando a miles de delincuentes que existen en la sociedad.

Está podando los arboles, cuando debería arrancar los arboles desde su raíz.

El presidente le ha dicho una y otra vez a los criminales, "Ya basta" pero no se acompaña de un entendimiento y de una serie de acciones que ayuden a resolver el problema de la inseguridad.

Esa voz es como la de un simple ciudadano, no es la voz de un jefe de estado.

Aquí caben otras preguntas:

¿Cómo sería arrancar de raíz en el problema de la inseguridad?

¿Cómo nace y crece el problema de la delincuencia?

¿Cuál es la responsabilidad de nuestros gobernantes ante el nacimiento y crecimiento de la delincuencia?

¿Los delincuentes nacen por generación espontánea?

¿Cuál es el proceso de formación de los delincuentes?

¿Qué hay en la mente de una persona que se atreve a decapitar a otra persona?

Está bien que el gobierno persiga y encarcele a los delincuentes, pero ¿Qué hace para impedir que los delincuentes se sigan formando?

¿Cuál es la responsabilidad de los padres de familia de los delincuentes?

¿Qué faltó en las familias para que los hijos se convirtieran en delincuentes?

¿Cuáles son las carencias que los padres de familia no cubrieron y que llevaron a que sus hijos se convirtieran en delincuentes?

¿Cuál es la responsabilidad de los maestros de la escuela ante en nacimiento y crecimiento en el número de delincuentes?

Las universidades deben tener centros de investigación en donde supuestamente se deben estudiar los grandes problemas de la sociedad y al mismo tiempo encontrar las soluciones para los mismos, en el caso de México no es así, ¿Por qué se han conformado con solo escribir un manual para defenderse del crimen organizado?

¿Qué les falta para investigar y crear las soluciones para la inseguridad?

¿Cuál es la responsabilidad de los medios de comunicación ante este fenómeno?

¿Los contenidos de los medios de comunicación ayudan a solucionar el problema de la delincuencia organizada?

¿Qué tipo de contenidos en los medios nos podrían ayudar a entender el fenómeno de la delincuencia y al mismo tiempo poder hacer algo al respecto?

Ya viene las elecciones federales pare elegir al nuevo presidente de la república, ¿Qué estrategias deben seguir los medios de comunicación para ayudar a elegir a la mejor opción?

¿Cuál es la responsabilidad específica del gobierno ante el problema de la delincuencia?

¿Qué instituciones debe el gobierno fortalecer para prevenir la delincuencia?

Se le reclama al gobierno que garantice la seguridad de los ciudadanos, ¿Puede el gobierno garantizar algo sobre lo cual no tiene el control?

¿Sobre qué si puede tener control?

¿Por dónde debe empezar el gobierno para entender y resolver el problema de la delincuencia?

¿Por qué ese ejército que el gobierno nos muestra cada 16 de septiembre no ha dado los resultados esperados?

¿En que momento perdemos el poder como ciudadanos?

¿Cómo podemos recuperar ese poder que antes tuvimos?

¿Qué actitud tienen los ciudadanos en los países con alta seguridad?

¿Cuáles son las grandes diferencias entre los ciudadanos entre esos países y el nuestro?

¿Qué tendríamos que hacer nosotros para llegar a tener los niveles de seguridad como en los países europeos?

Contestar todas estas preguntas nos puede llevar a tener el diagnostico correcto y hacia el diseño de las estrategias correctas.

En estos momentos no se tiene ni una ni la otra, razón por la cual nos encontramos en la situación actual.

Cuando un medico establece el diagnostico correcto de una enfermedad, de inmediato inicia el tratamiento y al mismo tiempo se siente la mejoría en la mayor parte de los casos.

Igual debería ser en el problema de la inseguridad en el país.

El problema es que conforme pasa el tiempo, los síntomas de la inseguridad se agravan, hay más muertos, más desconfianza y más migración.

El problema es tan complejo que no alcanzamos a darnos cuenta de la responsabilidad de cada uno de nosotros los ciudadanos.

La responsabilidad se encuentra diluida entre todos.

Los ciudadanos realmente no somos ciudadanos, en realidad tenemos un comportamiento de súbditos.

En el momento de votar entregamos todo el poder a los políticos sin que nos quedemos con algo de poder.

En el momento en que entregamos todo el poder, en ese mismo momento perdemos nuestro derecho a exigir el cumplimiento por quien votamos.

Todavía a 500 años de la conquista, seguimos teniendo un comportamiento de pueblo conquistado.

Culpar a Estados Unidos, al imperialismo, al gobierno, a la derecha, a los intereses creados de todo lo que nos pasa es un síntoma de un pueblo conquistado.

Seguimos usando las palabras de un pueblo conquistado, "usted", "mande", "para servirle", "a sus pies".

El autoritarismo todavía está presente en todos los ámbitos, en la familia, en la escuela, en la empresa, en el sindicato, en la iglesia y en el gobierno.

Esto dificulta enormemente el ejercicio de la democracia.

La democracia que vivimos en todos los ámbitos es pura simulación.

La mayor parte de nuestros jefes, disfrazados de líderes, nos prometen hacerse cargo de nuestras vidas y de nuestros problemas y nosotros por mera comodidad lo aceptamos sin darnos cuenta que ahí se inicia nuestra esclavitud de la que después nos quejamos amargamente.

Es así como los gobiernos nos prometen garantizarnos nuestra seguridad y nuestro bienestar, algo imposible si no existen determinadas condiciones para ello.

El gran problema es que no hemos sido educados para ser verdaderamente democráticos, libres y responsables, sino para ser esclavos.

Nuestra educación está llena de bonitas palabras, pero huecas.

Pocos entienden el significado profundo de las palabras que normalmente usamos en nuestra comunicación diaria.

Somos una generación privilegiada que tenemos todo el conocimiento a nuestro alcance, pero como no nos enseñaron a observar, a pensar, a crear, a discutir, a dialogar y a debatir, no estamos aprovechando todas las posibilidades de acceder a la grandeza.

Aparentemente estoy revolviendo muchas cosas, pero en realidad todo tiene que ver con un todo.

Estoy hablando de delincuencia, de democracia, de valores y de educación, todo esto tiene que ver con el tema.

Tenemos el problema de inseguridad debido a que hemos ignorado muchos aspectos que son importantes para tener una mejor sociedad.

Hemos omitido luchar por una educación de calidad, hemos omitido crear las mejores instituciones que puedan satisfacer las carencias de amplios sectores de la sociedad, estas carencias han dado lugar a que los jóvenes se hayan incorporado a las filas del crimen organizado.

Hemos sido incapaces de usar todos nuestros recursos naturales para crear la riqueza del pueblo de México y con ellas crear todos los satisfactores de la población.

Hemos sido incapaces de usar todas las expresiones artísticas para unir al pueblo bajo un solo objetivo.

Hemos sido incapaces de usar los medios de comunicación de forma adecuada para enriquecernos todos y con ello terminar con la delincuencia.

¿Se puede combatir la delincuencia de manera distinta a como se hace ahora?

Por supuesto que sí.

La peor lucha que pudo haber escogido el presidente Calderón fue la que enfrentar directamente a los delincuentes.

Desde luego que hay que detener a quienes han delinquido, pero esa no debería ser la lucha esencial.

La lucha esencial debe ser la que realmente una a pueblo entero, es la que pueda hacer solidarios a todos los mexicanos y en la que todos podamos participar.

La convocatoria para exterminar a los narcos solo puede estar dirigida a los policías y a los soldados.

Si la convocatoria hubiera estado dirigida para crear una educación de calidad y con ella crear la riqueza entre todos y para todos los mexicanos, otra cosa hubiera sido.

Todas las luchas deben tener una recompensa como atractivo.

¿Qué recompensa me ofrece ir a la guerra contra los narcos?

En algunos pueblos de la antigüedad se les ofrecía que llegarían al cielo si morían en la batalla, eso nadie lo creería ahora en México.

En cambio, si convocamos a luchar por la riqueza, podríamos ofrecer que nuestros hijos vivirían en mejores condiciones, así como también los hijos de nuestros hijos.

Si lucháramos por una educación de calidad, tendríamos que hacer un ejercicio de imaginación y contemplar todos los beneficios que obtendríamos de todo ello y es seguro que todos nos entusiasmaríamos si las cosas son bien planteadas.

Por supuesto que todo esto implicaría un cambio profundo de mentalidad, misma que la de hoy nos lo impide.

Para esto se requiere un cambio profundo en la educación y en los medios de comunicación, sin estos cambios es imposible que podamos mejorar como país.

Necesitamos una educación que nos prepare para que realmente podamos ejercer la democracia en todos los ámbitos.

Necesitamos entender lo que significa libertad para que la podamos ejercer.

Para realmente ser libres y democráticos, es indispensable que adquiramos la responsabilidad en todos los espacios.

Necesitamos despojarnos de la mentalidad de que "papá gobierno" nos debe hacer todo, hay que adoptar la mentalidad de que estamos solos y tomar la responsabilidad de todos los problemas que existen a nuestro alrededor.

Todos los grandes males que están ahí es porque nosotros mismos los hemos propiciado o hemos participado directamente en ellos.

Hemos tolerado su existencia.

Hemos tolerado su existencia por comodidad o por miedo, creyendo que a mi no me afecta.

Hoy en día muchas personas salen a la calle con miedo a ser secuestrados virtualmente, esas personas son las mismas que se decían "a mi no me afecta".

Son muchas las obligaciones que hemos dejado de cumplir y ahora sufrimos las consecuencias.

En primer lugar, no estamos dando la educación a nuestros hijos, ésta la estamos delegando a los maestros de la escuela.

Este es el primer punto que tenemos que corregir, algo nada fácil cuando desconocemos el concepto de educación de calidad.

La mayor parte de las personas no pagan sus impuestos, con esta falta es imposible que el gobierno pueda cumplir con todas sus obligaciones.

Muchos empresarios no pagan lo justo a sus trabajadores, situación que tarde o temprano les trae consecuencias.

Lo anterior provoca que los trabajadores solo hagan como que trabajan no produciendo lo que deberían producir.

Al final del día, podemos ver que todos, absolutamente todos tenemos mucho por hacer para llegar a tener un México mejor.

No es suficiente lo que el gobierno hace, de hecho, la obligación del gobierno es la de hacer que todos hagamos el trabajo, no que él haga todo.

Si realmente queremos un mejor México, necesitamos trabajar en todos los terrenos, empezando por uno mismo.

Cuando votemos por un candidato, no le cedamos todo el poder, es decir, si el político no cumple con sus promesas, deberemos estar listos para exigirle y si no lo hace, deberemos tomar las medidas pertinentes.

Como ciudadanos tenemos muchos roles que deberemos cumplir, entre ellos está la obligación de educar a nuestros hijos de manera adecuada, cumplir con nuestro trabajo de tal manera que se haga de manera profesional para que brinde los servicios a los demás, está también la de exigir que las instituciones cumplan con sus obligaciones, como la educación de nuestros hijos, está también la de exigir que haya mejores contenidos en los medios de comunicación para generar una mejor sociedad.

El gobierno deberá hacer un pacto con todos los medios de comunicación, no para ocultar información, sino para generar la información que los mexicanos necesitamos para crear la prosperidad entre todos y para todos.

Es indispensable hacer uso de la publicidad y de todas las ciencias sociales para emitir los mensajes que alienten a crear un mejor país.

Actualmente se cuenta con todas las herramientas para hacerle llegar a toda la población los mensajes que realmente impacten a todo el pueblo de México.

Es necesario que se tomen en cuenta el arte en todas sus manifestaciones, la psicología, la sociología, la antropología, la publicidad y la mercadotecnia para la elaboración de los mensajes de tal manera que impacten a todo el pueblo de México.

No importa que tan mal esté la mentalidad del pueblo mexicano, basta que una sola persona empiece a cambiar su concepción, que lo comunique a otra, ya serán dos, estas dos la comunicarán a 4 y estos 4 lo comunicarán a 8 y así sucesivamente, muy pronto la idea llegaría a un medio de comunicación, este medio de comunicación lo puede comunicar a otros medios de comunicación y así muy pronto llegaría a los personajes que toman las decisiones políticas y pronto se puede multiplicar a tal grado que llegue a todo el pueblo de México.

Los anuncios publicitarios nos hablan de que todos somos uno, la realidad es que esas son palaras huecas que no reflejan la realidad.

En estos momentos el gobierno desorganizado lucha solo contra el crimen organizado, por debajo de estos dos contendientes está el pueblo desorganizado y por arriba de todos estos elementos están los medios de comunicación que solo nos dan cuenta de lo que sucede en el campo de batalla en el que todos perdemos.

El gobierno usa sus recursos para combatir al crimen organizado y al mismo tiempo descuida todas las funciones que debiera tener con el pueblo y este al verse limitado no le queda opción más que acudir de una u otra forma al crimen organizado.

Esto hace que el monstruo del crimen organizado crezca y el gobierno se haga cada vez más pequeño.

En todos los estados, cada uno de los elementos son de diferentes tamaños, por ejemplo en ciudad Juárez, el gobierno es casi inexistente, al igual que en otras ciudades del estado de Tamaulipas.

En estas ciudades el crimen organizado ha tomado todo el poder.

En estas ciudades resulta absurdo e inútil protestar y exigir a las autoridades inexistentes que cumplan con su deber.

De nada sirven las marchas, mítines, protestas y desplegados en los periódicos.

Mucho menos sirven los llamados a los criminales para que dejen de serlo.

Lo único que queda por hacer es que la sociedad desorganizada se organice, que una fuerzas con lo que queda del gobierno y con los medios de comunicación.

La sociedad tiene infinidad de recursos que no ha usado para fortalecerse a sí misma como sociedad.

No se trata de luchar contra el crimen organizado, sino de no alimentarlo con nuestras debilidades.

Tenemos la educación de calidad, la cultura con todas sus manifestaciones artísticas y el deporte, que bien usados pueden dar mucha fuerza a la sociedad.

No usar todos estos elementos es lo que le ha dado mucha fuerza al crimen organizado.

Es indispensable hacer buen uso de los medios de comunicación, no como hasta ahora.

Muy a pesar del acuerdo que se firmo entre la mayor parte de los medios de comunicación para no ser los voceros del crimen organizado, se sigue siéndolo sin que se den cuenta.

Es indispensable poner en la mesa de discusión muchos temas que hoy no se discuten, se dan por discutidos.

Urge echar abajo los viejos paradigmas que nos mantienen paralizados como sociedad.

Urge descubrir los nuevos paradigmas que nos pueden llevar hacia nuevos horizontes.

Muchos podemos aprender de Medellín, Colombia que está saliendo exitosamente del pantano en que se encontraba.

Los medios de comunicación tienen el potencial para ayudar a transformar este país, pero tendrían que tener más imaginación y más coraje para hacerlo.

GOBIERNO DESORGANIZADO   CRIMEN ORGANIZADO

SOCIEDAD DESORGANIZADA

INÚTIL EL CAMBIO DE ESTRATEGIA EN INSEGURIDAD SI NO CAMBIA LA ESTRUCTURA

MUCHO SE HA criticado la estrategia del Presidente Calderón en la guerra contra el crimen organizado, ciertamente ha habido propuestas un tanto diferentes, pero estas no tocan para nada la estructura social que da origen a los criminales.

¿Que es la estrategia y que es la estructura?

Según el diccionario Larousse, estrategia es el arte de dirigir un conjunto de disposiciones para alcanzar un objetivo.

En el caso del gobierno de México, se trata de una planeación para la lucha contra el crimen organizado, pero parece que no se toma en cuenta que esos criminales son el resultado de la estructura social que tenemos.

Mientras no se haga algo para modificar la estructura, persistirá la producción de criminales.

¿Que es la estructura?

El mismo diccionario nos dice que la estructura es la manera en que las diferentes partes de un conjunto concreto o abstracto están conectadas o relacionadas entre sí.

La estructura de la sociedad mexicana está integrada por más de 112 millones de personas de diferentes clases sociales. Una buena parte de esos habitantes viven en extrema pobreza, otros en pobreza a secas y dentro de esa población hay de la más diversa índole de actividades que cada uno emprende para sobrevivir, máxima aspiración de todos, entre esas actividades están las llamadas legales como ilegales.

En esta misma estructura están los grandes empresarios, los medios de comunicación, así como la clase gobernante.

Los gobernantes tienen la función de crear las mejores condiciones para que todos puedan vivir mejor, pero desafortunadamente no se cumple con esa función, razón por la cual se generan las luchas para lograr cada quien su objetivo.

En la lucha por la supervivencia nadie contempla hacer las cosas buenas o malas, simplemente se lucha por obtener los más elementales satisfactores.

Hay quienes buscan la satisfacción de las necesidades de la población mediante mecanismos aceptables por todos y en eso están.

Hay otros que luchan por tener dinero rápido y fácil y además sentir el poder, éste tipo de personas escoge el narcotráfico y ahí están.

No se trata de juzgar o condenar a alguien que ha escogido ese camino, de lo que se trata de ver la conveniencia que al fin de cuentas, todos pensamos en eso antes que pensar en hacer lo malo o lo bueno.

La estrategia de un gobierno debiera ser la de crear acciones "convenientes" para todos por el camino del bien o por el camino en que todos ganen.

Por supuesto que esto demanda de mucha imaginación y ganas de hacer las cosas de otro modo.

Estas son cualidades no siempre presentes en la clase política.

Aquí es donde deben entrar a trabajar las universidades, los estudiantes, los intelectuales y toda la gente pensante para crear cada quien su estrategia y vivir mejor entre todos

No se trata de destruir la estructura que da lugar a los criminales, sino de modificarla.

El gran reto es su modificación sin derramamiento de sangre.

El centro del debate ya no serían los narcos, sino la estructura.

Destruir la estructura es destruirnos a nosotros mismos puesto que todos somos parte de la misma.

Necesariamente se hablara de la educación, de la cultura y sobre todo, de los medios de comunicación.

En un debate sobre este tema, veríamos puntos de vista totalmente diferentes y apasionantes.

¿LOS PROBLEMAS DE MÉXICO TIENEN SOLUCIÓN?

S E HA REPETIDO hasta el cansancio de que los presidentes tienen toda la responsabilidad de todos los males de México, ¿Es esto cierto?

Me estoy dando cuenta de que esto no es verdad, creo que también nosotros tenemos nuestra propia responsabilidad.

¿En que país estoy parado?

Pertenezco a un país donde la "viveza" es la moneda que siempre es valorada tanto o más que el dólar.

Pertenezco a un país donde hacerse rico de la noche a la mañana es una virtud más apreciada que formar una familia a largo plazo basada en valores y respeto a los demás.

Pertenezco a un país donde las empresas privadas son las papelerías particulares de sus empleados deshonestos, que se llevan para su casa las hojas de papel, bolígrafos, carpetas, marcadores y todo lo que le hace falta a nuestros niños para la escuela.

Pertenezco a un país donde la impuntualidad es un hábito.

Pertenezco a un país en donde los directivos de las empresas no generan capital humano.

Pertenezco a un país donde las personas no tienen interés por la ecología, donde tiran la basura en las calles y luego le reclama al gobierno por no dar mantenimiento al drenaje.

Pertenezco a un país donde no existe la cultura de la lectura y no hay conciencia ni memoria política, histórica ni económica.

Pertenezco a un país donde el derecho de paso es para el automóvil y no para el peatón.

Pertenezco a un país donde su gente está llena de faltas, pero disfruta criticando a sus gobernantes.

Pertenezco a un país en el que la familia está desintegrada.

Pertenezco a un país en el que las familias han dejado de educar a sus hijos, solo se concretan en domesticarlos.

Pertenezco a un país en el que el 70% de las familias se ha convertido en un campo de batalla y en donde las principales víctimas son los niños.

Y el 25% terminan en divorcio y solo el 5% de las familias están bien integradas.

Las familias delegan la responsabilidad del cuidado de los niños a las sirvientas y a la televisión, lo cual ha dado como resultado lo que muchos han llamado "La generación perdida".

Los niños de hoy ya no juegan, ya no crean sus propios juegos, sino que se ponen frente a la televisión para que ésta los divierta.

Los padres de familia se han hecho más permisivos y tolerantes a las faltas de respeto. El miedo se ha apoderado de los padres a la hora de las grandes decisiones.

Cuando los niños llegan a la escuela ya han pasado por un proceso de domesticación el cual se fortalece en la escuela.

El proceso educativo actual consiste en llenar la mente de los niños y de los jóvenes de información que no tiene una utilidad práctica para su vida.

No se le enseña a pensar por sí mismo, no aprende a evaluar la información ni a conocer la realidad que vive a diario.

Esto produce que cuando egresa de la universidad se convierte en "buscachambas", no en un emprendedor.

Los medios de comunicación se han dedicado a reciclar toda la basura informativa que en realidad no sirve para nada en la edificación de una mejor sociedad.

Los medios de comunicación carecen de la definición clara y precisa de su producto final valioso.

La información que las condiciones del México actual requieren es muy distinta de la que proporcionan los medios de comunicación.

Las religiones son pequeños o grandes grupos de la población que se han unido en torno a una falsa idea de Dios

Ninguna religión escapa de tener pequeños o grandes prejuicios e ideas falsas acerca de la vida que desemboca en un profundo fanatismo y fundamentalismo que terminan dañando las relaciones entre los mexicanos.

Pertenezco a un país en el que los aspirantes a ocupar la Presidencia de la República no tienen un proyecto de nación, en su lugar, solo tienen un catálogo de problemas los cuales prometen resolver pero sin decirnos los "comos".

Si el presidente Calderón renunciara hoy mismo, el que lo sucediera tendría que seguir trabajando con la misma materia prima defectuosa que, como pueblo, hemos sido nosotros mismos y no podrá hacer nada.

¿Acaso necesitamos elegir a un dictador que haga cumplir la ley por medio de la fuerza y el terror?

Los políticos mexicanos de todos los partidos son hechos a imagen y semejanza de todos los mexicanos.

Los altos niveles de inseguridad que padecemos hoy en día es el resultado de los descuidos que hemos tenido a lo largo de los años todos y cada uno de los mexicanos.

Antes de criticar a nuestros gobernantes, examinémonos a nosotros mismos, ¿Qué hemos hecho o qué hemos dejado de hacer para sufrir esta violencia?

Muchos de nuestros gobernantes a falta de un buen plan de gobierno, llegan al poder y se han tenido que someter al crimen organizado a tal grado que han tenido que desaparecer en cuanto a sus funciones, están ahí solo como figura decorativas.

Es inútil exigirles a estos gobernantes inexistentes que cumplan con sus deberes.

Es indispensable darnos cuenta de que estamos solos y a partir de ese hecho, tenemos que crear las estrategias como sociedad civil y aliarnos a los medios de comunicación para resurgir a partir de la situación real.

Hay grandes talentos en las ciencias y en las artes, pero son opacados por la mediocridad de las grandes mayorías.

¿Hay algo que tú y yo podamos hacer al respecto?

Pensar que no podemos hacer nada para cambiar las condiciones de este país es producto de la domesticación profunda a la que hemos sido sometidos

Pensar que no podemos hacer nada para cambiar este país significa tirar al basurero de la historia los esfuerzos de cientos de filósofos, líderes, escritores y muchos pensadores que han dado su vida por México y la humanidad

Tu y yo tenemos muchos roles con los cuales trabajar en todas las áreas.

Si has llegado a pensar que tú no puedes hacer nada contra todos los males de la sociedad es porque te has creído un sinfín de mentiras.

Si absolutamente todos los individuos de este planeta cumpliéramos con todas nuestras obligaciones, viviríamos en el paraíso.

No sería necesario que nos preocupáramos por los demás.

El problema es que la mayor parte de los individuos "trabajan" para hacerse daño a sí mismos, a sus familias, a sus empresas en las cuales trabajan, al país, a todas las especies de animales, al universo físico y debido a eso es que tenemos que redoblar esfuerzos para ayudar a muchos de esos individuos.

Las primeras preguntas que deberías hacerte son ¿Quien realmente soy? ¿Qué es lo que yo podría hacer por mí? ¿Qué es lo que yo podría hacer por los demás? ¿Cómo puedo usar el poder que tengo como ciudadano?

Estas preguntas tienen respuestas, pero tienes que estudiar más para poder responderlas. Las respuestas están en ti.

Si eres un padre de familia, tienes muchas funciones que cumplir con tu esposa y con tus hijos, ¿Conoces esas funciones?

Como padre de familia tienes la responsabilidad de educar a tus hijos, no tienes derecho a delegar esa responsabilidad a los maestros de la escuela que a ti te toca.

La familia es la principal institución de cualquier sociedad, tus hijos harán en la vida, tanto como tú los hayas encausado.

Si eres un maestro, tienes sobre tu responsabilidad la de enseñar a tus alumnos a pensar, a crear desde ahora el México que a ellos les tocará construir.

Mas que llenarlos de datos sin ninguna utilidad, deberás enseñarle la capacidad para crear las soluciones para resolver los problemas que a ellos les tocará enfrentar.

Para ser un profesionista de éxito ya no será necesario acumular altas calificaciones o muchos títulos, lo que se requiere ahora es tener la suficiente creatividad, liderazgo, visión y una adecuada educación emocional.

Si eres periodista, tienes la responsabilidad de proporcionar solo la información que tu público requiere para generar las nuevas bases de operación para construir un nuevo México.

La labor esencial del periodista es la de promover el entendimiento entre los gobernantes y gobernados y entre los unos y los otros.

Tu labor no solo es la de describir los grandes problemas, sino tienes la obligación de conectar a los expertos con quienes los padecen, ahí está el reto de tu profesión.

Como usuarios de los medios de comunicación tenemos el derecho y la obligación de exigir mejores contenidos para edificar una mejor sociedad.

Es un crimen hacer uso de estos solo para reciclar la basura informativa que a diario nos recetan.

Si eres un artista, en cualquiera de sus expresiones, tienen la obligación de hacer un arte que ayude a sensibilizar a las personas que viven a tu alrededor, mediante tu arte podrás darle vida a millones de personas que hoy están como muertos en vida.

Mediante tu arte podrás reconciliar a tus semejantes unos con otros.

Podrás crear los cantos que lleguen al corazón de todos los hombres y mujeres para que lleguen a creer nuevamente en sí mismos.

Si eres un sacerdote o un pastor, la mejor forma de servir a Dios es sirviendo a los hombres sin importar su creencia o su condición social puesto que Dios está en cada uno de los hombres y mujeres.

Si eres un político, estructura perfectamente tu proyecto de nación de tal forma que vincules a todos para construir un mejor país.

No te preocupes si los demás no hacen su tarea, ocúpate de hacer la propia y verás que tu ejemplo hará que los demás hagan la suya

Es muy posible que si todos cumplimos con nuestras obligaciones, tal vez no necesitamos más de los gobiernos.

COMBATIR EL MAL NO IMPLICA LA CONSTRUCCIÓN DEL BIEN

COMBATIR LA INSEGURIDAD no necesariamente implica la construcción de una sociedad segura.

El gobierno tiene una estrategia para combatir la inseguridad, pero no la tiene para construir una sociedad segura.

Es como pretender edificar una gran ciudad, pero solo se concreta a demoler los edificios, pero no tiene el diseño para la gran ciudad.

Anuncia con bombo y platillo la destrucción de las redes operativas del narcotráfico, pero eso es como demoler los edificios en las cuales operan los narcotraficantes.

Los narcotraficantes van adelante en la creación de nuevas estrategias para seguir delinquiendo.

Operan con valores distintos a los nuestros.

El gobierno se apoya en una legalidad obsoleta a la que nadie la e hace caso.

El gobierno solo ataca los efectos del problema, las causas ni siquiera las contempla.

Los narcotraficantes surgen como una respuesta ante la necesidad de satisfacer una demanda de miles de Jóvenes que no han encontrado la satisfacción de sus expectativas de vida y que ven en las drogas una salida, o cuando menos y alivio temporal.

Con esto queremos decir que el enemigo numero uno no son los narcotraficantes, sino nosotros mismos como sociedad, misma que no hemos sabido o no hemos querido cumplir con nuestras responsabilidades.

Eso a lo cual hemos llamado "Sociedad civil", en realidad no somos sociedad ni somos civil puesto que no estamos unidos para luchar por objetivos comunes y estamos muy lejos de tener un comportamiento civilizado.

Somos un gran grupo de personas que estamos luchando unos contra otros, ricos contra pobres y pobres contra ricos; partidos contra partidos; políticos contra políticos, etc.

El sistema educativo no educa de tal forma que se puedan satisfacer las múltiples necesidades de los niños y de los jóvenes, más bien los domestica y con ello los robotiza.

En otras palabras, no los prepara para la vida.

Los medios de comunicación han caído también en la trampa, combaten mediante la palabra a los delincuentes y como respuesta, son asesinados los periodistas que se atreven a denunciar a los narcotraficantes.

Son muchas las muestras de la ingobernabilidad de la sociedad, si realmente queremos una mejor sociedad es indispensable imaginarla y trabajar para crearla.

Antes de atacar los grandes males, necesitamos revisar nuestras acciones que nos llevaron a esa ingobernabilidad.

Urge crear los nuevos modelos políticos, económicos, educativos, culturales y periodísticos.

No se trata de destruir muchas cosas buenas que hemos hecho en el pasado, sino simplemente mejorar lo que tenemos.

México tiene todos los recursos para construir una gran nación, solo nos hace falta crear el capital humano y eso solo se puede hacer con una educación de calidad, misma que hoy no tenemos.

Nos toca a todos los miembros de la sociedad hacer algo para generar el cambio en la sociedad en que vivimos.

El cambio debe iniciar en uno mismo.

Una vez que hayamos hecho el cambio en nosotros mismos es como podremos generar el cambio en los demás.

Nuestro cambio puede impactar a los medios de comunicación y estos lo pueden hacer a la sociedad entera a través de las instituciones.

El error de la presente administración es la de fortalecer solo al gabinete represor y haber dejado a un lado al gabinete constructor.

El primero está formado por todas las instituciones que tienen que ver con la justicia, por ejemplo, por el ejército, la marina, las diferentes policías y todas aquellas que tienen que ver con la justicia.

El segundo gabinete tiene que ver con las secretarías con las que se construye el país.

Estas son la Secretaría de Educación, Economía, Gobernación, Energía, Agricultura, Comunicaciones, Trabajo, entre otras muchas.

Este gabinete es quien debiera ir a la cabeza y mediante el trabajo eficiente de este gabinete no sería necesario el gabinete represor.

Trabajar sobre este gabinete implica tener un proyecto de nación sobre el cual se pueda trabajar en forma perfectamente articulada con todas las instituciones para crear un mejor país.

Actualmente carecemos de un proyecto de país, urge crearlo.

CARTA ABIERTA AL PRESIDENTE FELIPE CALDERÓN

México, D. F. a 7 de agosto del 2011

Señor presidente Felipe Calderón:

Hasta este momento del sexenio van más de 40 ml muertos, 10 mil huérfanos, 125 mil desplazados, 40 mil personas que han pedido asilo político a Canadá y miles de negocios que han cerrados sus cortinas y mucha gente con miedo.

Me queda muy claro que todo el gobierno tiene una responsabilidad muy específica, pero no es el gobierno que está originando todo este problema.

El ejército, la marina y todas las policías tienen también una responsabilidad muy específica, pero no son ellos los que están originando el problema.

Tampoco son los medios de comunicación los que lo originan, ellos simplemente toman la fotografía de lo que sucede y nos la dan a conocer, pueden hacer mucho para ayudar a México en esta condición, pero antes en indispensable detectar el origen de la violencia que actualmente padecemos.

Tampoco es la situación económica que tenemos, si fuera esa razón, los estados más pobres del país fueran los que estuvieran más ensangrentados que los estados del norte.

Tampoco se origina en las escuelas de todos los niveles, estas son víctimas de la violencia.

Aparentemente son los criminales los que dan origen a todo el problema, ciertamente a estos se les debe detener y encarcelar para que paguen lo que han hecho en contra de la sociedad entera. Pero hay que ver cuál fue el proceso de formación y quiénes son los que están implicados en este proceso.

¿Qué nos queda? ¿En donde se originan los problemas?

El problema se origina en la sobreprotección de los padres de familia de cuyo hijo llega a la escuela y le dice a la maestra: "Maestra, no se pase de lanza, recuerde que mi papá es narco".

El problema continua cuando la maestra no sabe que hacer ante tamaño desafío.

El problema se presenta cuando una niña de 11 años de la "Delegación Gustavo A. Madero, llega a la escuela con dos pistolas amenazando a todos sus compañeros y ante esta situación sus compañeros dan aviso a sus padres, al día siguiente se presentan los padres de familia, se llama a los padres de la niña y solo se presenta la mamá y en un tono de amenaza le dice a la directora: "No se equivoque maestra, La niña traía dos pistola de juguete".

Una vez ya amenazada trata de convencer a los padres de familia con esa versión y ahí queda.

El problema se manifiesta en el salón de clases cuando la maestra "después de constantes llamadas de atención para que se sentara y guardara silencio, David se paró con actitud retadora en mi escritorio. Al verlo de cerca pude darme cuenta como estaba y le dije ¡mira el estado en que te encuentras!. Su agresividad, sus ojos rojos y boca seca llevaron a Azucena a ver que el estudiante estaba dopado: La mamá de David denunció este hecho ante la CNDH, tacho a la maestra de incompetente y fue más allá: la acuso de llamar a su hijo delincuente". Revista "día siete".

Otro caso: En un grupo de quinto año de primaria un niño empezó a empujar y molestar a sus compañeros, y estos a quejarse. Después de varias llamadas de atención; Pilar decidió pasarlo a trabajar a su lado de su escritorio. Al día siguiente, el padre del niño llego al plantel a insultar a la maestra, hizo que se instrumentara un acta administrativa en su contra y la demandó ante la Procuraduría de justicia del Distrito Federal por actos discriminatorios y violencia.

Pilar, con 29 años de práctica docente y a punto de jubilarse, pudo perder ese derecho de proceder el acta administrativa y ser detenida si la consignaba la Procuraduría. Tras un proceso de seis meses, el caso fue resuelto a su favor, después de lo cual no quiso volver a pararse en un salón de clases.

Todos conocemos el caso del "Ponchis" un niño sicario que debe varias vidas.

Este caso ha sembrado mucha polémica tanto en el ámbito nacional como internacional.

Este último caso no es de sobreprotección, sino de abandono que dio lugar a una historia terrible.

Pero la sobreprotección no solo se da en las clases bajas, se da en todas las capas sociales.

Hace una meses me platicaba una empleada de un colegio de cierto prestigio que uno de los alumnos, hijo de un diputado del PRD reprobó una materia y al darse cuenta el señor diputado, acudió a la dirección de la escuela para solicitarle que su hijo fuera aprobado, de no hacerlo, expulsaría al profesor que tuvo el atrevimiento de reprobarlo, ese maestro era de origen alemán, la dirección se vio obligada a aceptar la petición del diputado.

Pero no creo que ese acto de corrupción no es privativo del PRD, creo que es de todos aquellos que tienen alguna posición de poder, todos hemos sabido historias de ese tipo.

El exceso de libertades y la ausencia de las respectivas responsabilidades son los verdaderos causantes del problema de inseguridad que estamos padeciendo.

Son miles, tal vez millones de personas que atacan a todas las estructuras de gobierno por la corrupción y por la inseguridad en que vivimos los mexicanos, sin darse cuenta que ese es un mecanismo de proyección porque muchos de esos que critican tienen el problema en casa.

Ven en los problemas de afuera lo que no han sabido resolver por dentro.

Nos decía hace muchos años Confucio: "Si ves una conducta buena, imítala, si ves una conducta reprobable, examínate a ti mismo".

Señor presidente, el grave problema del crimen organizado tiene su origen en la sobreprotección que ejercen los miles de padres de familia sobre sus hijos, mismos que con el tiempo desconocen todos los límites que establecen las mejores normas para tener una mejor sociedad.

Esa ausencia de límites en los miles de familias es lo que conduce a los miles de jóvenes que actualmente forman parte de las filas del crimen organizado.

El problema del crimen organizado debe atacarse desde su mismo origen, en cada una de las familias.

Esto no quiere decir que deban ir los soldados o los policías con su armamento de alto poder para atacar a cada una de las familias.

Este tipo de problema se puede solucionar desde los mismos salones de clases, el problema es que los maestros no están preparados para ello, en tales circunstancias dejan pasar los problemas o los delegan a las autoridades complicando aún más los dificultades.

Afortunadamente hay maestros y maestros que le hacen frente a los problemas y salen adelante, hay que aprender de esas experiencias exitosas.

Probablemente quienes hablan de un cambio de estrategia quieren decir que a partir de estos datos hay que crear una estrategia distinta a la que actualmente se practica.

Esta estrategia se debe diseñar desde la Secretaría de Educación Pública.

El problema es que nuestro Secretario de Educación Pública está pensando más en el futuro que en el presente y el problema que tenemos está en el presente, no el futuro.

Componer el tejido social no solo le corresponde a la Secretaría de Educación Pública, también les corresponden a todas las Secretarias de estado, entre ellas la Secretaría de Gobernación, la de Economía, la de Agricultura, la de Comunicaciones y Transportes, y todas las que tienen una actividad en la economía del país.

En otras palabras, se requiere que se activen todas las secretarias que pertenecen al gabinete constructor por encima del gabinete represor.

Enfatizar el apoyo al gabinete represor no se resuelve de fondo el problema, al contrario, lo engrandece, como lo hemos visto.

En la medida en que se active al gabinete constructor, en esa misma medida se hará menos necesario el gabinete represor.

Por supuesto que hay que atrapar a los delincuentes que ya deben algo a la justicia, pero la tarea más importante está en la corrección de las conductas antisociales que se fomentan desde el mismo hogar.

El secretario de Educación tiene la tarea de diseñar todo un movimiento en el que no se puede dejar afuera de la jugada a los medios de comunicación.

Actualmente los contenidos de estos consiste en describirnos de que manera México se cae a pedazos, creo que estamos obligados a exigir que los contenidos sean más propositivos, que mediante estos circulen las ideas para construir un mejor México, que nos ayuden a elevar la autoestima de todos los mexicanos, que nos ayuden a construir el sentido de pertenencia y a fortalecer el orgullo de ser mexicanos.

Tanto las instituciones de educación, de cultura y los medios de comunicación pueden y deben hacer algo al respecto, pero eso sí, se requiere que el secretario de Educación esté al 100% en esta tarea del presente.

Por supuesto que queda tan solo un año y meses del sexenio, pero la idea no es trabajar solo para ese tiempo, sino para resolver el problema y se deben crear las acciones que vayan mas allá del sexenio, quizá se tenga que planear para 10 o 20 años, independientemente que llegue un partido u otro al poder.

Como presidente de la república tiene todas las atribuciones para emprender las acciones que ayuden a resolver el problema de fondo, no es necesario pedirle permiso a los otros poderes.

Solo se requiere la claridad, la firmeza y la certeza de que se puede.

Muchas gracias.

Ernesto Partida Pedroza
elsuenomexicano@yahoo.com.mx
www.elsuenomexicano.org

Los siguiente capítulos son trabajos que le llegaron al autor por vía electrónica lo cuales le parecieron dignos de ser parte de este volumen.

NADIE SE ACUESTA SIENDO UN BUEN NIÑO Y DESPIERTA SIENDO UN ASESINO DESALMADO

L A CALLE ESTÁ sola y el viento levanta el polvo de las aceras, la gente está en casa temerosa, los negocios cierran y el desempleo cunde por todos lados.

Algunos empresarios se han puesto a salvo en el país vecino, otros emigraron al sur, los demás nos quedamos, quizás como decía el sabio griego, cuando la muerte es, tú no eres y cuando tú eres, la muerte no es, ¿por qué preocuparse?.

Fin de semana 27 muertos en 24 horas, nuevo récord, cientos de pequeños empresarios secuestrados, dueños de ferreterías, abarrotes, lavados de carro, consultorios médicos, restauranteros, notarios públicos, viviendo el infierno de la incertidumbre del mañana, familias enteras sumidas en el dolor más profundo que pueda sentir al saber que su ser querido está en manos criminales.

Los merolicos de los medios de comunicación reclaman seguridad al gobierno, lo mismo la sociedad clama seguridad y ¿cómo dar seguridad?

¿Habrá de poner un policía por cada habitante para asegurar que nadie delinca?

Y este policía ¿será seguro o habrá que ponerle también un policía?

Vemos crímenes espectaculares, descabezados, destrozados, mutilados y me gustaría hacerle una pregunta a usted sobre estas bestias humanoides.

¿Qué debe pasar para que un hombre normal se transforme en una bestia como estas?

Quienes han visto a estos sicarios los describen como gente joven de 15 a 25 años.

Todos nos preguntamos ¿dónde está la autoridad? ¿Por qué no hace nada el presidente?

Y muchas preguntas similares, pero no escucho estas preguntas: . . . .

¿Dónde estuvo la madre y el padre de estos niños?

¿Dónde estuvieron sus maestros?

¿Dónde estuvieron sus hermanos?

"NADIE SE ACUESTA SIENDO UN BUEN NIÑO Y DESPIERTA SIENDO UN ASESINO DESALMADO, LA TRANSFORMACIÓN ES UN PROCESO PAULATINO".

Es tiempo que dejemos de buscar culpables en otro lado y asumamos la responsabilidad de tolerar una sociedad que se fue corrompiendo y no hicimos nada por evitarlo.

NOS VOLVIMOS PADRES PERMISIVOS Y COMODINOS, es mejor hacerte de la vista gorda y no tener un problema con el verdugo de tu hijo de tu hija.

BUSCAMOS SU APROBACION Y SU ACEPTACION . . . .

"Pos" claro no "semos" mochos, ni retrógrados, si los medios hacen su lana promoviendo el sexo, "pos" ya "semos" adultos, faltaba más, si los muchachos se están apareando sin control, "pos" es que "semos" re modernos, open mind bato.

¿Qué? ¿A poco te asustan las madres solteras?

¡Huy eres de la vela perpetua!

Muchas mujeres, coleccionan hijos de diferentes padres y tantos otros muchachos presumen y compiten por ver quién embaraza a más muchachas.

Mujeres abandonadas que se prostituyen para mantener a sus crías, hijos que crecen con la vergüenza y el abandono de sus madres.

Mujeres que trabajan y dejan abandonados a sus hijos, inermes a las bajas pasiones de sus vecinos o de sus mismos familiares, padres irresponsables, niños que crecen acumulando odio y desprecio por la sociedad.

Nos burlamos de la decencia y el decoro, sacamos a DIOS de nuestras escuelas, de nuestras casas y lo más triste es que también lo sacamos de nuestra vida, eliminamos el policía interno que le llamaban conciencia y hoy todo se puede, entre mas depravado, mas in.

El Instituto Municipal de Seguridad Pública de Juárez entrevistó a cientos de delincuentes jóvenes, ladrones, asesinos, violadores, narcotraficantes, casi la totalidad de ellos venían de hogares disfuncionales y buscaban en las pandillas la aceptación que no tenían en su hogar, las pandillas los obligaban en un principio a delinquir, después le tomaban gusto a la adrenalina y al sentimiento de poder que da el acto de dominar a otro.

Es cierto que estamos ante un vacío de autoridad y Señores, debo de decirles que la autoridad nace en el HOGAR, Si, aunque se rían, la autoridad reside en los padres y las conductas de autoridad que deben tomar esta en la moral, en esa palabra tan VITUPERADA Y RIDICULIZADA, en la MORAL señores.

En la moral, en ese compendio de buenas costumbres que la humanidad ha ido acumulando en siglos de vida y que hoy tiramos al caño porque "semos" modernos, hoy el grito de la juventud es " TENER SEXO Y ECHAR A PERDER TODO A TU ALREDEDOR AL FIN QUE YA SE ACABA EL MUNDO . . .

Los padres se quedan impávidos e inmóviles, nuevamente buscando la aceptación y la aprobacion de los hijos, para estar en onda, "no sea espantado compadre, son los nuevos tiempos" He escuchado padres que dicen a sus hijos, si vas a andar de caliente "cuídate" ponte tu condón. Mejor porque no le damos una pistola y les decimos, ándale mijo, vete al bar y si te quieren asaltar, mátalos ¿a caso no es lo mismo?, ¿ no los ponemos en riesgo?, les estamos, dando las facilidades para que ellos actúen. Y esto lo platican delante de los hijos sintiéndose muy cool!!.

Porque mejor no les decimos que andar de "calientes" trae muchas consecuencias y que no es aprobado por nosotros, seguramente él o ella pensará mucho esto antes de hacerlo, tal vez lo haga pero no se va a sentir tranquila por eso que hizo, eso se los puedo asegurar, pero si no lo hace, es señal de que los valores que les hemos dado a nuestros hijos han dado frutos.

Si una mujer quiere ser tratada como una dama, debe de actuar como una dama, no como una golfa, como una borracha, no por ser dama quiera decir que no sea una mujer divertida. Cuantas mujeres fuman, toman, usan lenguaje vulgar hoy en día, ¿esa es una dama? Yo puedo asegurar que un verdadero caballero se dará cuenta inmediatamente cuando se topa con una dama y si ellos logran unir sus vidas, serán un matrimonio que dará buenos frutos.

¿Nosotros como padres cuanto contribuimos para ver a nuestros hijos triunfando? ¿Te has preguntado eso?, acaso no es a final de cuentas lo que quieres ver en ellos?, ¿Un hijo, una hija que viva con una pareja que realmente la respete y que a tus nietos también les infundan estos valores? . . . Piénsalo por un instante, siempre estamos haciendo lo mejor para ellos, claro, si es que realmente te importan.

Muchos de los padres se quejan porque a nuestra hija o a nuestro hijo le toco un mal esposo porque salió embarazada. Pero cuando le prohibimos andar en los antros llegando borracha o a la hora que ellos quisieran. Se le puede permitir ir a un antro y poner nuestras reglas, no alcohol, llegas a la 1:00 de la mañana. Si no se cumple castigo, así de fácil, mientras vivan en una casa debe de haber reglas y quien las pone es el jefe de la familia.

Si tú como jefe de familia no pones tus reglas, tus hijos harán lo que ellos quieran y nunca tendrás control sobre ellos. Las consecuencias ya las conoces, son muy fáciles de encontrar en estos tiempos.

La única solución al grave problema que hoy tenemos es regresar a ese compendio de buenas conductas, a los valores universales, a la responsabilidad, al respeto a sus semejantes, al civismo, al control de nuestros hijos, a exigir a los MEDIOS DE COMUNICACION Y A LOS LEGISLADORES que dejen de pasar tanta asquerosidad por televisión, que dejen de excitar a nuestros HIJOS, vigila a tus hijos, tanto en lo que ven por la televisión como en la computadora, VIGILA SUS AMISTADES, VIGILA SUS SENTIMIENTOS, HASTA HACERTE SU AMIGO, SU CONFIDENTE, PERO NUNCA OLVIDES QUE ERES SU PADRE, EL VIGILANTE EN ESTE MUNDO DE ESA CRIATURA DE LA QUE TU DECIDISTE HACERTE RESPONSABLE.

EL VALOR Y LOS PRINCIPIOS DE LA MORAL FAMILIAR . . . NO TIENE PRECIO . . . . !!!!!!!

POPULISMO

HACE YA UNOS meses, en una tibia y soleada mañana de invierno, anduve por Casas Grandes por razones de negocios y fui invitado a visitar una finca propiedad de un paisano alemán del Volga donde elaboraban jamones caseros.

Al pasar por un chiquero, me llamó la atención el porte de una cerda (marrana) amamantando a unos cuantos lechones.

Para salir de la curiosidad, le pregunté al hijo del patrón que me estaba atendiendo de qué raza eran esos cerdos.

Son de raza 'Mexica'. Pero espere, voy a llamar a mi padre, para que él le explique, le va a gustar contar la historia.

Por la puerta de la cocina emergió don Boris, un gigante de cabellos blancos que se desplazaba dificultosamente asistido por un bastón de 3 patas, y me invitó a sentarme a la mesa de la galería donde reinaba un enorme botellón de alcohol de nuez, de no menos de 60 º.

-'¿Ud. sabe como se cazan los cerdos salvajes (jabalís) del monte?', me dijo el paisano sin más trámite, mientras me servía un vasito de ese brebaje.

-'Bueno, creo que con perros que 'los paran' y un fusil que los sacrifica', le contesté prudentemente, presintiendo que la historia venía por otro lado y que el viejo sabía más que yo.

En este caso, no es así, me dijo don Helmuth, y cuando le diga cómo los cazo yo, Ud. va a poder entender porqué se les llama de raza 'Mexica' y, si es un hombre inteligente, podrá sacar algunas conclusiones acerca de por qué a los mexicanos les va como les va.

En el fondo de la finca, detrás de aquella cortina de álamos que Ud. ve, y hasta la orilla del río, hay un monte rústico y sin trabajar.

Dentro de ese cuadro, suele haber cerdos salvajes del monte.

Para cazarlos hay que comenzar por buscar un manchón sin matorrales y tirar un poco de maíz en el piso.

Cuando los cerdos lo descubren, van a comer todos los días, y Ud. solo tiene que reponerles diariamente la ración.

Una vez acostumbrados, construye una cerca en uno de los lados del sitio y les sigue poniendo alimento.

Por unos días van a desconfiar, pero después terminan por volver.

Entonces se hace otra cerca a continuación de la anterior,

y les sigue poniendo comida hasta que dejen de dudar y regresan a comer.

Y así sucesivamente, hasta que casi cierra los cuatro lados y solo deja una abertura para un portón.

Ya para entonces se han acostumbrado al maíz fácil, le han perdido el miedo a los cercos y entran y salen casi con naturalidad.

Entonces Ud. va y coloca el portón, lo deja abierto y sigue poniendo maíz.

Hasta el día que va al corral, encuentra la piara comiendo, y le cierra la puerta.

Al principio empiezan a correr en círculos como locos, pero ya están sometidos.

Muy pronto se tranquilizan y vuelven al alimento fácil que ya se olvidaron de buscar por si mismos, y aceptan la esclavitud'.

'Uds. los mexicanos no se dan cuenta que estos gobiernos demagógicos que tienen, proceden de la misma manera que yo con los cerdos . . .

Les tiran maíz gratis disfrazado de programas de ayuda, planes sociales, empleos públicos, cargos políticos, subsidios para cualquier cosa, leyes proteccionistas, sobornos electorales . . .

Todo a costa del sacrificio de las libertades que les van confiscando migaja a migaja.

Y los mexicanos no se dan cuenta que no existe la comida gratis, y que no es posible que alguien preste un servicio más barato que el que uno mismo hace.

¿Acaso no ven que toda esa maravillosa 'ayuda' que reparte el gobierno, lo hace con los poderes que el pueblo permite que se arroguen, para depredar las libertades y los bienes de la gente que trabaja y que produce?

¿Pero cómo pueden vivir en un paraíso y tratar a toda costa de convertirlo en un infierno?

¿Como pueden crear consciencia cívica, si los políticos forman cuadros de descerebrados? . . .

¡¡¡Sigan así - nomás -, y que Dios los ayude cuando les cierren el portón.

Don Helmuth se mandó lo que quedaba del cuarto vasito de un solo trago, y desapareció rengueando precipitado por la puerta de la cocina.

Y yo, mareado por el alcohol y apabullado por la verdad, saludé al hijo y me volví rumiando mi frustración por el polvoriento camino de regreso a casa . . . para vivir mejor.

LA LECCIÓN QUE LOS JAPONESES NOS ENSEÑAN CON SU TRAGEDIA

E N UNA SITUACIÓN de extrema adversidad, ¿qué lleva a un pueblo a reaccionar con orden y cortesía?

En Japón, en medio de la devastación provocada por el terremoto y tsunami ocurridos este 11 de marzo, no hay indicios de saqueos o de violencia.

Los residentes deben esperar en fila durante 12 horas para comprar alimentos. Lo hacen en calma y se conducen con cortesía.

Uno en mente

En un reportaje para ABC, una admirada Barbara Walters apunta al principio de unidad denominado 'Itai Doshin', la más básica de las enseñanzas budistas. Itai Doshin significa muchos en cuerpo, uno en mente.

La práctica de la consideración

Después de la gran tragedia humana y material en Japón, el Primer Ministro, Naoto Kan, anunció que habría recortes de energía eléctrica, apagones programados, con el fin de racionalizar el recurso.

Cabe destacar que Japón ocupa el tercer lugar del mundo en consumo de energía per capita (fuente: *The World Factbook 2011*). Asimismo de acuerdo a *Internet World Stats*, el 78.2% de la población japonesa tiene acceso al Internet.

El japonés vive 'conectado' a sus dispositivos, incluyendo celulares, consolas de videojuegos, pantallas de televisión, etc.

Ante la posibilidad de tener que apagar sus equipos debido a los recortes anunciados, ¿cómo reaccionaron?

Voluntariamente redujeron el consumo de electricidad, apagando equipos no esenciales y/o limitando el uso de otros dispositivos. Esto para una sociedad apegada a su tecnología, es de admirarse.

Más allá de la solidaridad

Hay reportes de que las familias japonesas han abierto sus casas a otras personas. 'Escuché a alguien decir que tenía dos botellas de agua y le dio una a otra persona,' comentó un profesor.

Y es que los lazos familiares, las jerarquías sociales y el espíritu colectivo son importantes para los japoneses; no es una sociedad individualista.

'No hay duda de que los japoneses responden bien a este tipo de catástrofe, pero incluso si parece notable desde el exterior, no es nuevo', afirmó Carol Gluck, profesora de historia moderna japonesa del Instituto Weatherhead de Asia Oriental en la Universidad de Columbia.

'No es cultural o religioso, es una moral social creada históricamente basada en una respuesta a la comunidad y el orden social.'

Por ejemplo, si una persona olvida una pertenencia en el metro de Tokyo, con toda certeza podrá encontrarla al día siguiente en la sección de artículos olvidados.

Creando una nueva cultura

¿Es posible lograr algo similar en nuestras sociedades? ¿Cómo podemos impulsar una cultura de ética, orden y respeto?

'Itai' significa que cada individuo despliega al máximo sus habilidades y sus cualidades particulares. 'Doshin' significa estar unidos en torno a un ideal.

En este sentido, entonces, 'Itai Doshin' significa que el ideal se podrá lograr sólo cuando la rica diversidad de talentos converja en torno a una meta suprema.

En otras palabras, la verdadera 'magia' ocurre al tener fe en un ideal compartido, sabiendo que al aportar tu talento, tu tiempo, tus recursos, lo haces para crear algo más grande. Deja de ser un sacrificio y se convierte en un gusto.

Así cada ciudadano, cada participante, cada miembro de la organización, del equipo realmente se compromete a aportar sus talentos para engrandecer la organización, la sociedad, el país al que pertenece.

No lo hace por obligación, sino por gusto. El individuo triunfa y la sociedad también, y esto se convierte en un círculo virtuoso.

Desde la perspectiva de 'Itai Doshin' esto es el logro de una individualidad iluminada. Busca la realización de la unidad armoniosa.

'Esta dinámica ayuda a trascender el ego y a respetar a los demás, aunque los demás parezcan ser muy diferentes a nosotros. Como resultado, llegamos a sentir una enorme sensación de libertad, de profunda gratitud por estar vivos,' afirman Pat Allwright y Eddy Canfor, para una publicación de marzo 1987 del *UK Express*.

'Por muy contradictorio que parezca, el "Itai Doshin" se logra cuando cada individuo se levanta . . . la acumulación de buena fortuna en nuestra vida, nos llevará, inevitablemente, a animar a los demás a que hagan lo mismo . . . depende de la decisión de cada uno de nosotros'.

Es una muestra de que al mejorar tu vida, tu condición, mejoras tu mundo.

Para aplicar la filosofía

Una forma simplificada para aplicar la filosofía del Itai Doshin es:

Identificar lo más valioso que cada uno podemos aportar a una familia, a una organización, a una sociedad. ¿Cuál es tu talento único o característico, qué es lo que te distingue y que puede aportar el mayor valor a los demás?

Idear un plan. Haz una lluvia de ideas y dales estructura.

Comenzar con una acción. Ponle fecha y hazlo público.

Animar a otros a hacer lo propio, practicando siempre la cultura de orden y respeto.

La filosofía que vive y respira el japonés es y ha sido la base de su riqueza. Su mentalidad de orden y respeto, aunado a la cultura del trabajo y excelencia seguramente los llevará a reponerse muy pronto de la devastación que han sufrido. Daisaku Ikeda, escritor, poeta, educador y fundador de varias instituciones dedicadas a fomentar la cultura, la educación y los estudios sobre la paz alrededor del mundo, afirma:

'La transformación dentro de cada individuo puede no sólo modificar su propio destino, sino también el de toda una nación y, más aún, el de toda la humanidad.'

CUANDO LOS NAZIS VINIERON

Martin Niemöller

MARTIN NIEMÖLLER FUE un pastor protestante alemán, el en un principio combatió a los comunistas y apoyó las políticas anti comunistas, anti semitas y demás políticas del nacional socialismo.

El nacional socialismo homogenizó las iglesias alemanas, unificándolas en una sola, Martin Niemöller se opuso a esto, fundó la Iglesia Confesante, fue apresado y luego confinado a campos de concentración.

Luego se integró a movimientos pacifistas, fue presidente del Consejo Mundial de Iglesias.

Es conocido por un poema, en que trata de mostrar las consecuencias de no combatir a las tiranías desde un principio:

CUANDO LOS NAZIS VINIERON

Cuando los nazis vinieron a buscar a los comunistas, guardé silencio,
Porque yo no era comunista.
Cuando encarcelaron a los socialdemócratas, guardé silencio,
Porque yo no era socialdemócrata.
Cuando vinieron a buscar a los sindicalistas, no protesté, porque yo no
  era sindicalista.
Cuando vinieron a buscar a los judíos, no protesté, porque yo no era
  judío.
Cuando vinieron a buscarme, no había nadie más que pudiera protestar.

Agradeceré cualquier comentario, crítica, aportación y sugerencia que pueda ser tomada en cuenta para una próxima edición

elsuenomexicano@yahoo.com.mx

www.elsuenomexicano.org

Winston Churchill ofreció en una campaña electoral en Inglaterra "Sangre sudor y lágrimas" y ganó la elección.

Esas palabras fueron dichas en un contexto de guerra, ¿Cuáles serían las palabras hoy en México?

La sangre, sudor y lágrimas no se refería a lo que iba a poner el gobierno, sino el pueblo mismo.

En cada elección nuestros políticos nos ofrecen bajar la luna y las estrellas y nosotros como pueblo ingenuo caemos en la trampa.

Nos ofrecen combatir la pobreza, debiéramos esperar las formas para luchar todos juntos para crear la riqueza entre todos y para todos los mexicanos.

Nos ofrecen luchar contra la corrupción, en lugar de eso, debiéramos crear los incentivos para que nosotros mismos dejemos la corrupción.

Nos ofrecen dejar caer todo el peso de la ley contra los delincuentes y meterlos en la cárcel para que aprendan a respetar la ley, en lugar de eso, deberíamos esperar calidad en todas las instituciones de educación, incluyendo en la institución familiar, para evitar que se formen los delincuentes.

Debiéramos conocer todas nuestras obligaciones como ciudadanos y cumplir con ellas para poder gozar de todos nuestros derechos en forma automática.

Es tiempo de dejar atrás la concepción que tenemos de "papá gobierno" que debe venir a resolver cada uno de nuestros problemas.

Es indispensable que adquiramos el conocimiento necesario y asumamos el poder que cada ciudadano tiene para responsabilizarse por México.

Se requiere de profundos cambios en la educación, en la cultura, en los medios de comunicación y en la estructura de gobierno.

En este texto se abordan los temas que debieran estar en el debate de las ideas, si es que queremos transformar significativamente las condiciones de México.